Cobaugh / Schwerdtfeger
Gerade befördert – und jetzt?

Heike M. Cobaugh · Susanne Schwerdtfeger

Gerade befördert – und jetzt?

Führungsfallen schnell erkennen und gezielt überwinden

Beltz Verlag · Weinheim und Basel

Lektorat: Ingeborg Sachsenmeier

www.beltz.de
Herstellung: Klaus Kaltenberg
Satz: Druckhaus »Thomas Müntzer«, Bad Langensalza
Druck: Druckhaus Beltz, Hemsbach
Umschlaggestaltung: glas ag, Seeheim-Jugenheim
Umschlagabbildung: Getty Images Deutschland GmbH, München
Printed in Germany

ISBN 3-407-36120-3

Inhaltsverzeichnis

Erklärung der Symbole

Beispiele

Merksätze

Checklisten und Übungen

Wichtige Informationen und Übersichten

Buchtipps

Bildnachweis

S. 15, 20, 117, 129, 159 = Erik Liebermann, Baaske Cartoons
S. 35, 75, 99 = Martin Guhl, Baaske Cartoons
S. 49 = Björn Holm, Baaske Cartoons
S. 67 = Olaf Rademacher, Baaske Cartoons
S. 145 = Oswald Huber, Baaske Cartoons

Vorwort: Vom schweren Start ins Führungsleben

Sie sind gerade in eine Führungsposition befördert worden? Oder stehen Sie kurz davor? Dann herzlichen Glückwunsch! Genießen Sie den Augenblick. Denn die ungeteilte Freude währt oft nicht lange. Vielleicht ahnen Sie es schon.

Die Freude über die neuen Weihen währt meist einige Tage – doch danach setzt unvermeidbar der Katzenjammer ein: Das alles läuft nicht so, wie Sie sich das vorgestellt haben. Die Mitarbeiter sind skeptisch bis misstrauisch, unmotiviert bis widerspenstig. Sie bringen nicht die Leistung, die Sie von ihnen erwarten und die Sie auch unbedingt brauchen, um vor Ihrem Chef, vor den Kollegen, den Mitbewerbern und den Kunden gut dazustehen. Die Mitarbeiter machen nicht, was Sie ihnen sagen, oder sie tun nur das, was Sie ihnen sagen, aber niemals das, was nötig ist. Ihr eigener Vorgesetzter bereitet Ihnen Probleme und die Ergebnisse in Ihrem Führungsbereich sind nicht so gut, wie Sie sich das vorgestellt hatten und wie sie sein müssten, damit der neue Job nicht zur letzten Sprosse auf Ihrer Karriereleiter wird.

Machen Sie sich keine Sorgen – das alles ist normal. So geht es 90 Prozent aller frisch Beförderten. Wir wissen das aus Erfahrung, weil wir seit nunmehr acht beziehungsweise zwölf Jahren Führungskräfte aus allen Branchen, von allen Ebenen und aus allen Unternehmensgrößen trainieren, coachen und beraten. Außerdem haben wir diese Erfahrung auch persönlich durchgemacht, als Führungskraft in der Vertriebsleitung beziehungsweise als Abteilungsleiterin im Bereich Marketing: Aller Anfang ist schwer.

Das ist eine Binsenweisheit, aus der heraus viele Trainings und Ratgeber zum Einstieg in den Führungsjob für die berühmten ersten 100 Tage konzipiert wurden, Seminarkalender füllen und Bücherregale durchbiegen. Darin finden wir so wertvolle Tipps wie »Erwartungen offensiv begegnen« – »Schlüsselbeziehungen entwickeln« oder »Die Lage erst analysieren, bevor Sie etwas ändern!« Lauter einleuchtende, nützliche und nötige Ratschläge, die auch wir in den ersten Trainings gaben – bis uns auffiel, wie wenig sie bewirkten.

Um herauszufinden, warum diese so einleuchtenden Tipps so wenig bewegten, mussten wir nur in den Seminarraum schauen: Da saßen lauter enthusiastische Jungmanager und Jungmanagerinnen, die sich vor Freude über den ersehnten Aufstieg kaum halten und es mehrheitlich nicht verstehen konnten, was sie denn nun in Dreiteufelsnamen bei einem Führungskräftetraining zu suchen hatten! Viele fühlten sich persönlich beleidigt, dass ihr Vorgesetzter oder die Personalentwicklung sie dazu verdonnert hatte, die Seminarbank zu drücken. Sie verstanden das nicht!

Dieses mangelnde Verständnis verstanden dagegen ihre Vorgesetzten und die Personalentwickler recht gut.

Wie der Geschäftsführer eines Metallbauers schmunzelte: »Natürlich halten sich alle für die geborenen Manager. Also bringen Sie sie im Seminar wieder auf den Boden zurück und zeigen Sie ihnen, was ihnen noch an Führungskompetenz fehlt.« Eine Personalentwicklerin wurde deutlicher: »Unsere Jungmanager halten sich teilweise für Gottes Geschenk an den Betrieb. Die sind einfach größenwahnsinnig!«

Natürlich halten sich frisch gebackene Führungskräfte selbst nicht für größenwahnsinnig, sondern einfach für hoch motiviert und total kompetent. Doch bei Kunden, Kollegen, Mitarbeitern und Vorgesetzten kommt das leider nicht als Kompetenz, sondern als galoppierender Wahnsinn an. Übrigens: Wenn Sie hier »Jungmanager« lesen, dann bedeutet das nicht, dass man als Jungmanager auch jung sein muss. Mancher Jungmanager ist weit jenseits dreißig. Der Begriff meint nur, dass er oder sie jung im Beruf eines Managers ist – eben frisch befördert.

Die überzogene Selbsteinschätzung dieser frisch gebackenen Führungskräfte wird bislang in allen gängigen Trainings und Ratgebern verschämt verschwiegen. Man bringt den Jungmanagern ein bisschen Eigenorganisation und Mitarbeitermotivation bei und hofft, dass sich die folgenreiche Überschätzung von alleine wieder legt. Das tut sie auch nach einigen Monaten – nachdem nicht selten das Arbeitsklima im Führungsbereich lädiert, die Leistungsergebnisse im Keller und die weiteren Karriereaussichten stark gesunken sind. Das alles ist in den berühmten ersten 100 Tagen problemlos zu bewerkstelligen.

Die Folgen der Selbstüberschätzung von Führungskräften sind für alle offensichtlich – für Kunden, Mitarbeiter, Kollegen, Vorgesetzte – nur nicht für diese selbst. Dabei muss man lediglich in die Führungsbereiche der Führungskräfte hineinschauen, um die Folgen der Selbstüberschätzung wahrzunehmen:

- wenig berauschende Ergebnisse,
- hohe Mitarbeiterfluktuation,
- überdurchschnittlicher Krankenstand der Mitarbeiter,
- geringer Motivationsgrad der Mitarbeiter,
- ineffiziente Wertschöpfung, hohe Prozesshindernisse,
- schlechtes Arbeitsklima,
- schlechtes Image der Jungmanager bei den Mitarbeitern.

Glücklich ist damit keiner – am allerwenigsten die neuen Führungskräfte selbst. Nur: Sie erkennen zwar die Symptome, doch sie schreiben sie den falschen Ursachen zu: »Meine Mitarbeiter sind so passiv!« – »Mein Chef versteht mich nicht!« Das mag sein – doch was ist mit dem eigenen Problemanteil? Zum Beispiel der Selbstüberschätzung? Es gibt viele Ausprägungen dieser Überschätzung. Die sieben häufigsten betrachten wir in diesem Buch.

- Viele Jungmanager halten sich für geborene Führungspersönlichkeiten und übersehen dabei persönliche Schwächen.
- Sie überschätzen die eigene Wichtigkeit, sodass sie für ihren Erfolg (ungewollt) das eigene Unternehmen sabotieren.
- Sie überschätzen ihre Führungskompetenz, weil sie irrtümlich annehmen, allein deshalb schon *führungs*kompetent zu sein, da sie *fach*kompetent sind!
- Sie überschätzen ihre Macht und können es nicht fassen, wenn Mitarbeiter auf ihre Machtausübung negativ reagieren.

- Sie verkünden großherzig, dass »meine Mitarbeiter jederzeit mit allem zu mir kommen können«. Tun es diese dann tatsächlich, sind Jungmanager sowohl emotional als auch analytisch von den Problemen ihrer Mitarbeiter überfordert.
- Sie überschätzen häufig ihre Kommunikationskompetenz und können es einfach nicht nachvollziehen, dass Vorgesetzte, Mitarbeiter und Kunden sie einfach nicht verstehen.
- Sie schätzen ihre Karrierechancen falsch ein: »Leistung ist das Einzige, was zählt!« Das ist ein tragischer Irrtum.

Jeder dieser sieben Vorstellungen ist ein Kapitel gewidmet. Warum sollten Sie sich mit diesen beschäftigen? Aus einem einfachen Grund: Weil es immer herauskommt. Viele Jungmanager befinden sich nämlich in einem achten Irrtum. Nur weil ihr Vorgesetzter die Auswüchse ihrer Selbstüberschätzung selten explizit anspricht (und ihre Mitarbeiter noch kein kritisches Feedback geben), glauben sie, dass es schon in Ordnung sei »enthusiastisch und mit harter Hand zu führen«. Das ist es nicht. Dass der eigene Vorgesetzte den Größenwahn durchgehen lässt, liegt nur daran, dass er dem Neuling anfangs eine Gnadenfrist gewährt. Viele Neulinge übersehen, dass die laxe Haltung des Vorgesetzten irgendwann beendet sein wird, er die Zügel straff anziehen wird. Viele fallen aus allen Wolken, wenn ihnen Mängel in der Führungskompetenz und mangelhafte Zielerreichung vorgeworfen werden. Dann ist es allerdings zu spät, diese Mängel abzustellen. Denn dann ist die Geduld des Vorgesetzten, des Marktes und der Kunden bereits erschöpft.

Führungsmängel von frisch Beförderten kommen immer ans Tageslicht. Beim einen dauert es drei Jahre, beim anderen drei Monate, beim dritten drei Wochen – je nach Unternehmen. Doch herauskommen tut es immer. Wollen Sie so lange warten? Die meisten wollen es nicht. Denn tief in ihnen drinnen ahnen sie, dass sie der neuen Aufgabe zwar fachlich, aber nicht führungstechnisch, menschlich und persönlich gewachsen sind.

Wie nötig es ist, für seinen ersten Führungsjob die verständliche und allzu menschliche Selbstüberschätzung schnellstmöglich zu überwinden, demonstrieren eindrücklich die Großunternehmen: Dort ist es unmöglich, einen Führungsjob anzutreten, ohne vorher etliche Tage General-Management-Training absolviert zu haben. Ohne dieses Training würde man Newcomer niemals an den Steuerknüppel lassen. Dass in kleinen und mittleren Betrieben auch Kandidaten ohne gültigen Führerschein an das Steuer gelassen werden, liegt nicht daran, dass man gut und gerne auch ohne gültige Lizenz steuern kann. Es liegt vielmehr einfach daran, dass in 80 Prozent aller deutschen Unternehmen zwar selbst in der Krise das nötige Geld vorhanden ist, jedoch die Einsicht in die dringende Notwendigkeit eines professionellen Management Developments schlicht noch fehlt. Sollten Sie in einem dieser Unternehmen arbeiten (oder als Vorgesetzter oder Personalchef den Führungsnachwuchs betreuen), dann müssen Sie selbst in die Bresche springen.

Sie können sich das nötige Führungstraining in der vorliegenden Buchform zu Gemüte führen. Es ist kein Training, das am grünen Tisch entworfen wurde, sondern eines, das sich seit Jahren in der Führungspraxis bewährt, das ständig auf Grund der Anwendungserfahrung unserer Teilnehmer den wechselnden Gegebenheiten der Wirtschaft angepasst wird und das vor allem Jahr für Jahr bei Hunderten Führungskräften nachweisbare Erfolge bringt. Sie können das Buch von vorne nach hinten durchlesen. Sie können auch sofort einen Ihrer Schwachpunkte (wir alle kennen doch unsere kleinen Schwächen) auswählen und mit dem entsprechenden Kapitel beginnen. Die Kapitel sind unabhängig voneinander konzipiert. Am Ende eines jeden Kapitels finden Sie die wichtigsten Hauptaussagen noch einmal zusammengefasst zur schnellen Durchsicht oder zum späteren Nachschlagen.

Wenn Sie auf die eine oder andere Weise die Kapitel lesen, reflektieren und auf die eigene Führungspraxis anwenden, werden Sie

- bereits beim ersten Anwenden deutliche Verbesserungen in Ihrem Verhalten feststellen;
- bemerken, dass Mitarbeiter, Vorgesetzte, Kunden und Kollegen ganz anders, positiver, motivierter, anerkennender, gesprächs- und leistungsbereiter auf Sie reagieren;
- nach einer Woche täglicher Anwendung spüren, dass Sie eine andere Führungskraft geworden sind. Eine, welche Ihrem Idealbild (und vor allem jenem Ihrer Mitarbeiter und Vorgesetzten) näher

kommt. Sie haben bereits viele neue Gewohnheiten gebildet und etliche alte, hinderliche abgelegt;

- nach drei Wochen feststellen, dass Sie nicht mehr darüber nachzudenken brauchen, was Sie in einer bestimmten Situation anders machen sollten – Sie tun es automatisch.

Sie werden die Veränderung deutlich spüren. Sie erhalten das, was wir KiM nennen: Kompetenz im Management. Ihre Mitarbeiter, Ihre Vorgesetzten und Kollegen werden das dankbar registrieren. Sie werden mehr Erfolge in Ihrem Führungsbereich erzielen. Ihre Mitarbeiter werden plötzlich deutlich umgänglicher und leistungsfähiger sein. Sie werden aktiv und unternehmerisch mitdenken, selbstständig arbeiten und Ihrer Führung echte Begeisterung entgegenbringen. So was tut gut. Deshalb wird der ehemals schwere Führungsjob Ihnen ausgesprochen leicht fallen und sogar Spaß bereiten.

Glauben Sie, dass sich für diese Verbesserungen die Lektüre lohnt? – Dann lesen Sie los.

Wir wünschen Ihnen viel Spaß dabei und natürlich auch viel Erfolg.

Persönliche Schwächen gezielt kennen lernen

Wer befördert wurde, kann führen – oder?

Viele frisch Beförderte gehen davon aus, dass sie führen können. Sie haben dafür eine einleuchtende Erklärung: »Ich wurde schließlich befördert!« Diese verblüffende Fehleinschätzung führt zu jenen Missständen, welche Befragungen mit unschöner Regelmäßigkeit ans Tageslicht bringen. Die befragten Kollegen, Kunden, Mitarbeiter und Vorgesetzten beklagen immer wieder, dass viele frisch gebackene Führungskräfte

- zu verantwortungslos sind. Sie lassen ihre Mitarbeiter zu oft im Stich;
- in der Regel sehr konfliktscheu sind;
- häufig zu impulsiv sind;
- gerne »den Chef raushängen« lassen;
- zu ihrem eigenen Vorgesetzten nicht Nein sagen können;
- auf ihre Mitarbeiter herabschauen;
- glauben, dass ihre Mitarbeiter so sind und denken wie sie selbst;
- eine wenig realistische Selbsteinschätzung haben;
- Probleme mit der Disziplin haben.

Diese neun Fehler sind keine Mängel an Fachkompetenz. Es sind persönliche Schwächen, Schwächen der Führungspersönlichkeit. Wie kommt es dazu? Durch einen simplen Irrtum. Es wird nämlich irrtümlich angenommen, dass jemand, der in die Führungsriege aufsteigt, ganz automatisch die geeignete Führungspersönlichkeit mitbringt. Dies gelingt frisch gekürten Führungskräften aber in den seltensten Fällen. Denn für die Fachkompetenz wird jahrelang die Schulbank gedrückt und danach Jahre an fachlicher Erfahrung gesammelt. Die Führungspersönlichkeit wurde jedoch nicht in gleicher Weise ausgebildet. In der Regel findet überhaupt keine Vorbereitung auf die neue Position statt!

Die Folgen sind gravierend: Ohne reife Führungspersönlichkeit gibt es keinen langfristigen Erfolg im Führungsjob! Betrachten wir daher in den folgenden Abschnitten die neun persönlichen Defizite und wie Sie diese abstellen können.

Verantwortungslosigkeit: Mitarbeiter im Stich lassen

Der Bereichsleiter Anlagenbau eines mittelständischen Unternehmens besucht eine Baustelle in Begleitung des frisch gebackenen Abteilungsleiters. Der Bereichsleiter meint: »Die Montagestufe 2 sollten Sie aber noch vor dem Wochenende fertig stellen!« »Klar doch!«, sagt der neue Abteilungsleiter. Hinterher flucht die Montagemannschaft in der Werkskantine: »Ist der Abteilungsleiter total plemplem? Jetzt müssen wir den Freitagabend dranhängen und können erst am Samstag heimfahren – das Wochenende ist futsch! Dieser ... denkt doch nur an die eigene Karriere, und wir werden dabei verheizt!«

Checkliste: Lassen Sie Ihre Mitarbeiter im Regen stehen?

Um zu überprüfen, ob bei Ihnen auch die Gefahr besteht, dass Sie Ihre Mitarbeiter allein lassen, sollten Sie für sich folgende Fragen beantworten:

	Ja	Nein
Haben Sie in letzter Zeit Wünsche Ihrer Mitarbeiter einfach übersehen?	☐	☐
Versäumten Sie, danach zu fragen, was Ihre Mitarbeiter brauchen, um ihre Arbeit gut machen zu können?	☐	☐
Haben Sie es versäumt, die Ängste, Befürchtungen, Probleme und Sorgen Ihrer Mitarbeiter zu sondieren?	☐	☐
Haben Sie sich nicht vor Ihre Mitarbeiter gestellt, als diese von Kunden oder anderen Vorgesetzten angegriffen wurden?	☐	☐
Haben Sie Lob für gute Leistungen für sich behalten und Tadel für Mängel an Ihre Mitarbeiter weitergegeben?	☐	☐

Selbst ein einziges Kreuz bei »Ja« ist ein Kreuz zu viel. Denn obwohl Ihnen diese Verfehlungen klein erscheinen mögen: Mitarbeiter vertragen es nicht, wenn man sie alleine lässt. Sie tragen das lange nach und warten oft nur darauf, es Ihnen heimzuzahlen.

Warum lassen Sie hin und wieder Mitarbeiter im Stich? Weil Sie, wie der Mitarbeiter aus unserem obigen Beispiel meinte, nur an Ihrer eigenen Karriere interessiert sind und dafür Ihre Mitarbeiter opfern? Nein, sicher nicht. Der Grund ist ein anderer: Vor der Beförderung waren Sie gewohnt, nur für sich zu kämpfen. Also tun Sie es auch danach. Das ist ganz normal. Machen Sie sich deshalb keine Vorwürfe. Machen Sie sich jedoch in aller Deutlichkeit klar, dass Sie sich mit jedem dieser Versäumnisse selbst sabotieren.

- Denn wenn Sie Ihre Mitarbeiter ihrem Schicksal überlassen, reagieren diese im Sinne des Wortes führungslos. Sie erwarten, dass ihr Vorgesetzter sich für sie einsetzt. Tun Sie das nicht, anerkennen sie Sie nicht als Führungskraft.
- Sie reagieren in der Regel enttäuscht, passiv, misstrauisch, rachsüchtig – auf keinen Fall motiviert, wie Sie es gerne hätten.
- Die Mitarbeiter reden schlecht über Sie und
- sie setzen sich nicht voll für Sie ein, weil Sie sich nicht voll für sie einsetzen.

Wenn sich Ihre Mitarbeiter ähnlich verhalten, wissen Sie jetzt, woran es liegt: nicht an Ihrer Fachkompetenz, eher an Ihrem zu geringen Verantwortungsgefühl den Mitarbeitern gegenüber. Merzen Sie diese persönliche Schwäche aus. Wie? Das sehen Sie gleich.

Übernehmen Sie die volle Verantwortung!

Wer seine Mitarbeiter hin und wieder (unabsichtlich) im Regen stehen lässt, tut gut daran, an seinem Verantwortungsgefühl zu arbeiten. Fordern wir Führungskräfte dazu auf, lautet die Antwort oft: »Aber ich fühle mich doch für meinen Bereich verantwortlich!« Das stimmt aber meist nicht. Das erkennen Sie an einem einfachen Symptom: Solange die Mitarbeiter noch nicht die volle Verantwortung für ihre Arbeit übernehmen, nehmen Sie ihnen gegenüber noch nicht Ihre volle Verantwortung wahr. Wenn sich Ihre Mitarbeiter nicht verantwortlich für ihre Fehler fühlen, diese vertuschen oder verniedlichen, dann deshalb, weil auch Sie ihnen gegenüber keine Verantwortung für Ihre eigenen Fehler übernehmen. Solange Ihre Mitarbeiter Zeichen der Verantwortungslosigkeit zeigen, ist das lediglich der Spiegel Ihrer eigenen Verantwortungslosigkeit.

Viele Führungskräfte meinen, dass sie die volle Verantwortung für ihren Job übernehmen, meinen aber meist damit: volle Verantwortung für die Sachaufgabe – nicht für die Führungsaufgabe. Arbeiten Sie daher an Ihrem Verantwortungsgefühl.

Checkliste: Zeigen Sie Verantwortung

- [ ] Sagen Sie den Mitarbeitern klipp und klar, was Sie von ihnen bis wann erwarten und an welchen Zielgrößen Sie die Erfüllung der Erwartungen messen werden.
- [ ] Sagen Sie Ihrem Vorgesetzten genauso klar, welche Rahmenbedingungen Ihre Mitarbeiter brauchen, um diese Erwartungen zu erfüllen.
- [ ] Sorgen Sie in Ihrem Einflussbereich selbst dafür, dass diese Rahmenbedingungen stimmen.
- [ ] Sorgen Sie dafür, dass Ihre Mitarbeiter konstruktiv und beziehungsorientiert miteinander umgehen können, anstatt sich darüber zu beschweren, dass sie es nicht können.
- [ ] Lernen Sie Ihre Leute so gut kennen, dass Sie wissen, wer mit wem kann, und verteilen Sie die Aufgaben entsprechend.
- [ ] Wenn Angriffe von außerhalb kommen, stellen Sie sich vor Ihre Leute. Kritisieren Sie Mitarbeiter niemals vor Abteilungsfremden. Das werten Mitarbeiter geradezu als Verrat.
- [ ] Wälzen Sie die Verantwortung für Fehler in Ihrem Führungsbereich niemals auf Ihre Mitarbeiter ab. Übernehmen Sie nach außen die Verantwortung – klären Sie jedoch nach innen ebenso deutlich die Verantwortlichkeiten.
- [ ] Bestrafen Sie Fehler nicht, pflegen Sie lieber die Kunst der konstruktiven Kritik. Diese wirkt besser als Strafe.
- [ ] Verkaufen Sie den Erfolg Ihrer Mitarbeiter niemals als Ihren eigenen Erfolg. Damit provozieren Sie Racheakte.
- [ ] Geben Sie Anerkennung für jede anerkennenswerte Leistung (wenn nicht, sehen sich Ihre Mitarbeiter dazu veranlasst, nicht mehr Leistung als unbedingt nötig zu bringen).
- [ ] Leisten Sie das, was Sie auch von Ihren Mitarbeitern verlangen – und ein bisschen mehr. Seien Sie selbst Vorbild.
- [ ] Halten Sie gegebene Versprechen ein – oder geben Sie das Versprechen erst gar nicht. Lassen Sie nichts »Dringendes« dazwischenkommen.

Gehen Sie diese Checkliste möglichst täglich durch und fragen Sie sich: Wo habe ich mich unangemessen verhalten? Was werde ich nicht mehr tun? Was werde ich stattdessen tun? So steigt Ihr Verantwortungsgefühl – und damit spiegelbildlich das Verantwortungsgefühl Ihrer Mitarbeiter.

Konfliktscheue: Auseinandersetzungen vermeiden

So enthusiastisch und von sich selbst überzeugt Jungmanager auftreten, umso nachgiebiger sind sie oft in Konflikten. Streiten sich zwei Mitarbeiter, kommentieren sie die ausbleibende Konfliktmoderation müde mit: »Die vertragen sich schon wieder. Das sind erwachsene Menschen. Ich bin schließlich nicht ihr Babysitter.« Stimmt: Die vertragen sich wieder. Leider in vielen Fällen erst, wenn Arbeitsklima und Produktivität bereits unter dem Streit gelitten haben. Das heißt, Ihre Mitarbeiter streiten sich, statt zu arbeiten. Und was tun Sie dagegen? Sie sind nicht deren Babysitter? Sicher, aber Sie sind ihr Konfliktmoderator. Das steht nicht in Ihrem Anstellungsvertrag? Pardon, das steht nicht drin, weil es selbstverständlich ist. Das gehört zur Führungsaufgabe wie der Bürosessel zum Büro.

Bei Konflikten mit anderen Ebenen ist das nicht besser. Zettelt zum Beispiel der eigene Chef einen Streit an, kneifen viele Jungmanager – auf ihre und ihrer Mitarbeiter Kosten.

Checkliste: Gehen Sie Konflikten aus dem Weg?

	Ja	Nein
Ist Ihre Moderations- und Mediationskompetenz so gut, dass Sie jeden Konflikt in Ihrem Team beilegen können?	☐	☐
Stehen Sie Konflikte mit Vorgesetzten, Kunden, anderen Abteilungen problemlos durch?	☐	☐
Praktizieren Sie bei Konflikten Laisser-faire?	☐	☐
Oder intervenieren Sie?	☐	☐
Intervenieren Sie, wenn es nicht mehr anders geht?	☐	☐
Oder moderieren Sie bereits zum frühest erkennbaren Zeitpunkt?	☐	☐

Weil Konfliktstärke eine so wichtige Führungskompetenz ist, gehen wir darauf auch nochmals ausführlich im Kapitel »Mehr Problemlösungskompetenz ist gefragt« ein (s. S. 117ff.).

Wenn Sie sich ausführlich mit dem Thema Konflikte auseinandersetzen möchten, empfehlen wir Ihnen das Buch von Regina Mahlmann »Konflikte managen. Psychologische Grundlagen, Modelle und Fallstudien«.

Impulsivität: Änderungen anstreben

Frisch gebackene Führungskräfte sind wie neue Besen, die gut kehren. Das heißt: Sie wollen vieles anders, besser machen. Das ist an sich gut. Doch in ihrem Enthusiasmus schießen sie häufig übers Ziel hinaus.

Bedenken Sie: Wenn Sie die Dinge ändern wollen, haben Sie inhaltlich zwar meist recht, doch menschlich genau so oft unrecht.

Wenn Sie einem Mitarbeiter sagen »Das machen wir jetzt aber ganz anders!«, kommt bei diesem an: »Was du 15 Jahre lang gemacht hast, ist nichts mehr wert – du hast also 15 Jahre lang Mist gemacht.« Tatsächlich gibt es Führungskräfte, die dies sogar explizit ihren Mitarbeitern sagen – was Folgen hat: Die Mitarbeiter reagieren darauf entweder mit innerem Rückzug oder mit latenter Aggression.

Das Hinausschießen übers Ziel hat weniger mit der viel gerühmten Changekompetenz und mehr mit Impulsivität zu tun. Deshalb können Sie diese Untugend mit einer geschärften Selbstreflexion und etwas Disziplin gut und gerne selbst abstellen.

Machen Sie es sich zur Gewohnheit, sich bei jedem Änderungsvorhaben zu fragen:

- Folge ich meinen Impulsen blind und stoße damit Vorgesetzte, Kollegen, Kunden und Mitarbeiter vor den Kopf?
- Wie kann ich meine Impulse so überdenken, dass ich sie beziehungsverträglich kommuniziere und realisiere?

So einfach ist das? Sicher. Wenn es kompliziert wäre, würde es in der Praxis nicht funktionieren. Persönliche Mängel der Führungskompetenz müssen einfach zu beheben sein – sonst lassen sie sich nicht beseitigen.

»Den Chef raushängen lassen«

Etliche Jungmanager können viel zu oft nicht der Versuchung widerstehen, gegenüber ihren neuen Mitarbeitern den Chef deutlich zu markieren. Sie profilieren sich nicht mit Führungskompetenz, sondern mit Machtworten: »Ich weiß schon, was ich tue. Tun Sie einfach, was ich Ihnen sage!« Vielfach sprechen sie auch von »Untergebenen«, und das wirkt sich auf das Verhalten deutlich aus.

Gewiss, einem Mitarbeiter einmal so richtig zu zeigen, wo es lang geht, das befriedigt ungemein. Doch wenn das mehr als einmal im Monat passiert, treibt es die Mitarbeiter in die innere Emigration, die Produktivität bricht weg, und die Leute hören auf zu denken – das macht schließlich der neue Chef für sie.

War Ihnen das klar? Möchten Sie diese Konsequenzen (er)tragen? Wie oft passiert es Ihnen noch, dass Sie Ihren neuen Rang herauskehren, um sich durchzusetzen? Zu oft? Dann stellen wir gemeinsam diese Untugend ab, nämlich unten im Abschnitt »Wer vorurteilsfrei führt, führt erfolgreich« (s. S. 28 ff.).

Nein sagen fällt schwer

Eine schwache Durchsetzungsfähigkeit zeigt sich

- in der mangelnden Fähigkeit, zum eigenen Chef, zu Kollegen oder Kunden Nein zu sagen;
- in der Tendenz, Everybody's Darling sein zu wollen;
- in der Schwäche, auch einmal unpopuläre Entscheidungen durchsetzen zu können;
- in unklarer Führungskommunikation à la: »Na ja, ich würde das nicht von Ihnen verlangen – aber mein Chef will das«;
- in der Schwäche, Fehler und Schlampereien von Mitarbeitern, Lieferanten, Kollegen und anderen Abteilungen durchgehen zu lassen.

Wenn Führungskräfte Ja statt Nein sagen, sind die Folgen klar: Entweder sie überfordern ihre Mitarbeiter, eben weil sie zusagen, was man nicht hätte zusagen dürfen. Oder sie machen die Arbeit selbst – daher die 16-Stunden-Tage vieler junger Führungskräfte. Nicht, weil zwölf Stunden für ihren Enthusiasmus im neuen Job nicht ausreichten. Sondern weil sie nicht Nein sagen können.

Wie oft sagen Sie zu Ihrem Chef Ja, wenn Sie eigentlich Nein sagen möchten, sollten oder müssten? Und wer badet das letztendlich aus? Sie oder Ihr Team? Nein sagen will gelernt sein, daran sollten Sie aber unbedingt arbeiten.

Stärken Sie Ihr Durchsetzungsvermögen

Es fällt Ihnen vielleicht bereits leichter, Nein zu sagen, wenn Sie den Abschnitt »Übernehmen Sie volle Verantwortung!« gelesen und verinnerlicht haben.

> Wer die volle Verantwortung für seine Mitarbeiter übernimmt, sagt nicht so schnell Ja, wenn er Nein sagen müsste. !

Ein gutes Verantwortungsgefühl stärkt Ihre Durchsetzungsfähigkeit beträchtlich. Sie werden es merken, denn Sie werden sich viel leichter durchsetzen, wenn Sie wissen, wofür Sie es tun. Beispielsweise können Sie sagen: »Das kann ich meinen Leuten nicht zumuten. Die arbeiten jetzt schon an der Kapazitätsgrenze. Wir müssen für diese Aufgabe eine andere Lösung finden.«

Wenn Sie die volle Verantwortung für Ihre Mitarbeiter übernehmen und trotzdem noch (nach Ihrem eigenen Ermessen) zu wenig Durchsetzungsvermögen besitzen, sollten Sie eine Frage stellen: Was befürchten Sie, wenn Sie sich durchsetzen?

Übung

Artikulieren Sie diese Befürchtungen laut oder schreiben Sie diese jetzt auf.

Meistens lässt sich Folgendes feststellen:

- Wer sich nicht ausreichend durchsetzen kann, setzt meist Durchsetzungsvermögen mit Machtmissbrauch gleich.
- Viele gehen unbewusst davon aus, dass andere leiden müssen, wenn sie sich durchsetzen.
- Oft wird Durchsetzungsvermögen auch mit Härte verwechselt.

Machen Sie sich deshalb in aller Klarheit bewusst,

- dass Sie sich auch ohne jedes Machtgehabe durchsetzen können, ja dass Machtgehabe sogar die Durchsetzung be- oder verhindert, weil es aktiven oder passiven Widerstand provoziert;
- dass niemand leiden muss, wenn Sie sich durchsetzen, sondern alle von klaren Verhältnissen profitieren;
- dass Sie sich auch ohne jede Härte durchsetzen können, indem Sie höflich und freundlich sagen: »Herr Meier, ich verstehe Ihre Bedenken. Leider haben wir in dieser Entscheidung keinerlei Spielraum.«

Denken Sie immer daran, dass Durchsetzungsvermögen Folgendes bedeutet: Hart in der Sache, konziliant zur Person.

Diese Einstellungen sind so verständlich wie unbewusst. Und das ist gut so. Denn sie können nur so lange wirken, wie sie unbewusst sind.

Sich gegen Saboteure durchsetzen

Viele frisch gebackene Führungskräfte können sich gegenüber bestimmten Mitarbeitern einfach nicht durchsetzen. Vor allem, wenn diese Mitarbeiter älter, erfahrener und fachkompetenter oder davon überzeugt sind, dass der Falsche zum Chef befördert wurde.

Viele Führungskräfte versuchen es dann im Guten, oft monatelang. Sie reden, argumentieren, haben Geduld und zeigen Nachsicht. Oder sie regen sich furchtbar auf und »machen dem Revoluzzer Dampf«. Beide Ansätze funktionieren nicht. Es gibt nur eine Möglichkeit, die in der Praxis funktioniert:

- Machen Sie dem Widerständler in wenigen Worten freundlich aber unmissverständlich die drohenden Konsequenzen seiner Haltung klar: »Wenn ..., dann ...«
- Seien Sie von vorneherein entschlossen, diese Konsequenzen auch zu ziehen (wenn Sie bluffen und der Mitarbeiter den Bluff aufdeckt, verlieren alle anderen Mitarbeiter ebenfalls die Achtung vor Ihnen).
- Ziehen Sie die Konsequenzen, wenn er nicht kooperiert.

Julia wird mit 28 Jahren zur Teamleiterin eines Customer Support Teams befördert. Fünf Mitarbeiter finden das prima. Ein sechster, 35-jähriger Kollege, boykottiert »das Junggemüse«. Zehn Monate quält sich Julia mit ihm herum, probiert jede Art von Führungsinstrument – vergebens. Eines Tages reißt ihr der Geduldsfaden. Sie klärt mit ihrem Chef die Möglichkeiten ab. Dann sagt sie zu ihrem Widerständler: »Entweder Sie arbeiten ab sofort mit oder ich lasse Sie versetzen.« Darauf der Mitarbeiter kalt lächelnd: »Dafür haben Sie nicht die Befugnis.« Julia erwidert: »Doch, die habe ich. Entweder Sie kooperieren oder Sie sind übermorgen nicht mehr hier.« Der Mitarbeiter verliert sichtlich die Fassung. Deutlich ist zu sehen, dass er zum ersten Mal realisiert: »Sie kann das machen! Sie ist tatsächlich meine neue Vorgesetzte!« Seither ist er wie ausgewechselt.

Wenn Sie nach eingehender Prüfung feststellen, dass kein anderes Mittel greift: Sprechen Sie das nötige Machtwort. Doch Vorsicht: Sie sollten jeden Einzelfall prüfen. Denn wenn Ihre Machtworte unangemessen und inflationär fallen, verbrauchen sie sich rasch und verlieren die Wirkung. Ein Machtwort funktioniert wirklich nur dort, wo nichts anderes mehr hilft. Es versteht sich im Übrigen von selbst, dass Sie Ihr Machtwort arbeitsrechtlich absichern, bevor Sie es aussprechen. Wenn Ihr Machtwort zum Beispiel mit Versetzung droht, dann sollten Sie diese Versetzung auch wirklich veranlassen können.

Herabschauen auf die Mitarbeiter

»Die neue Arbeit wäre ja ganz super«, sagt eine soeben beförderte Abteilungsleiterin, »wenn die Mitarbeiter nicht wären.« Eine solche Aussage ist typisch: Man will den neuen Job, aber bitte ohne die »lästige Pflicht« der Mitarbeiterführung. Dieser Wunsch wird oft begleitet von verbreiteten Vorurteilen:

- »Diese faule Bande, denen muss ich mal einheizen!«
- »Ein alter Gaul lernt eben keine neuen Tricks mehr!«
- »Ohne Druck arbeiten die Leute doch sowieso nicht richtig!«

Vorurteile existieren nicht nur in Bezug auf Mitarbeiter, sondern auf alle Aspekte der neuen Aufgabe:

- »Mit diesen Produkten ist kein Blumentopf zu gewinnen.«
- »Unser Markt ist dicht. Da geht gar nichts mehr.«
- »Meine Chefin interessiert doch nicht, was ich hier mache.«
- »Meinem Chef geht es nur ums Geld.«

Diese Vorurteile erfüllen sich im Sinne einer Self-Fulfilling-Prophecy. Wer Mitarbeiter wie Idioten behandelt, macht sie damit zu Idioten. Oder wie der passende Management-Spruch lautet: »Feed peanuts – get monkeys!«

Übung

Von welchen Standpunkten sind Sie felsenfest überzeugt, die sich bei näherem Hinsehen als Vorurteile herausstellen würden? – Halten Sie Ihre Gedanken fest.

Wird Ihre Haltung gegenüber Mitarbeitern, Chef, Kunden, Kollegen und Markt von Vorurteilen bestimmt? Wenn ja, von welchen?

Sich diese Vorurteile ins Bewusstsein zu rufen ist ein erster Schritt auf dem Weg, sich davon frei zu machen. Weiter an Ihrer Vorurteilsfreiheit können Sie im übernächsten Abschnitt »Wer vorurteilsfrei führt, führt erfolgreich« arbeiten.

Mitarbeiter als »Abziehbild« der eigenen Persönlichkeit?

Viele Führungskräfte glauben, dass alle Mitarbeiter so sind oder sein müssten wie sie selbst. Das bedeutet: Wenn die ledige Jungmanagerin Überstunden macht, dann ist es für sie selbstverständlich, dass die junge Mutter mit Kind ebenso Überstunden machen kann. Wenn der Abteilungsleiter ein Macher ist, dann brandmarkt er alle Analytiker in seinem Team als »Pedanten, die ein Problem zu Tode analysieren, anstatt anzupacken«. So wird jeder Mitarbeiter an der eigenen Chefpersönlichkeit gemessen und das Anderssein negativ ausgelegt. Damit beraubt sich die Führungskraft eines Großteils des Kompetenzpotenzials ihres Teams. Denn wenn beispielsweise alle Analytiker vergrault werden, wer soll dann die hochfliegenden Ideen auf Herz und Nieren prüfen und damit Flops verhindern? Um Fehleinschätzungen zu vermeiden, sollten Sie die Übung auf der gegenüberliegenden Seite machen.

Wer vorurteilsfrei führt, führt erfolgreich

Auch hier geht es darum, Fehleinschätzungen und Vorurteile zu vermeiden. Vorurteile sind sehr gefährlich – für Sie. Denn wenn Sie glauben, dass Ihre Mitarbeiter nur auf Druck reagieren, dann reagieren diese bald nur noch auf Druck. Wenn Sie glauben, dass sich in Ihrem Markt nichts mehr bewegt, dann bewegt sich auch nichts – womit Sie Ihre Annahme ungewollt selbst bestätigen. Wenn Sie unterstellen, dass Ihr Chef sich nicht für Ihre Arbeit interessiert, informieren Sie ihn nicht – und über kurz oder lang interessiert er sich mangels Information tatsächlich nicht mehr für Ihre Arbeit.

»Der Meier ist einfach zu alt für das neue System.« Das ist zweifellos ein Vorurteil. Möglicherweise ist Herr Meier tatsächlich zu alt. Doch welche Folgen hat das Vorurteil? Er lernt tatsächlich nicht, mit dem neuen System umzugehen, weil ihm keine faire Chance dazu gegeben wird – er ist ja zu alt dafür! Was resultiert weiter daraus? Wenn er mit dem neuen System nicht arbeiten kann, wer macht dann seine Arbeit? Womöglich Sie?

Übung

Um derartige Fehleinschätzungen zu vermeiden, sollten Sie sich folgende Fragen stellen:

Mit welchen Mitarbeitern kommen Sie nicht zurecht?

Was passt Ihnen an diesen nicht?

Sind dies echte Mängel oder liegt es daran, dass diese anders als Sie sind?

Machen Sie sich Vorurteile bewusst. Halten Sie sich vor allem die Folgen vor Augen. Vorurteile sind zwar auf den ersten Blick bequem – doch auf den zweiten lösen Sie erhebliche Mehrarbeit aus.

Ermitteln Sie Ihre Vorurteile und tauschen Sie sie durch konstruktive Annahmen aus.

Zum Beispiel: »Herr Meier ist zwar alt. Aber auf einem guten Seminar, gegebenenfalls mit Einzeltraining, lernt er die Arbeit mit dem neuen System bestimmt.« Und siehe da: Vorurteile funktionieren auch in die positive Richtung!

Wenn Sie Menschen eine Chance geben, können Sie dabei gewinnen oder verlieren. Wenn Sie ihnen keine Chance geben, verlieren Sie immer. Wollen Sie das? Sicher nicht. Vorurteile erschweren die Führung und das Leben künstlich. Am besten ist immer noch, Menschen so zu nehmen, wie sie sind. Alles andere ist Realitätsflucht.

Das setzt zunächst einmal voraus, dass Sie wissen, wie die Menschen in Ihrem Führungsbereich wirklich sind. Die meisten jungen Führungskräfte wissen es nicht, weil sie sich nie die Mühe machten, es herauszufinden. Wozu auch? Sie haben ja ihre Vorurteile.

Finden Sie also heraus, wie Ihre Mitarbeiter sind, wo ihre Stärken liegen und an welchen Schwächen eventuell gearbeitet werden sollte. Damit Sie einen guten Überblick erhalten, sollten Sie sich ruhig Notizen machen. Sie können beispielsweise für jeden Mitarbeiter eine elektronische Karteikarte anlegen, wie zum Beispiel einen Ordner in Word, Excel oder anderen Programmen. Je nach dem, mit welchem Programm Sie bevorzugt arbeiten.

Mit diesem Wissen können Sie die Stärken Ihrer Mitarbeiter gezielt nutzen und einsetzen. Das kommt Ihrer Abteilung, Ihrem Team und auch Ihnen selbst zugute.

Mangelnde Selbsteinschätzung

Viele Jungmanager können ihre eigenen Stärken und Schwächen nicht realistisch einschätzen. Sie halten sich für die tollsten Führungskräfte, während die Mitarbeiter stöhnen und ihre Vorgesetzten den Kopf über sie schütteln. Um Ihre Selbsteinschätzung auf ein realistisches Niveau zu bringen, ist es notwendig, dass Sie sich täglich mindestens einmal folgende Fragen stellen:

Übung

Was sind aus meiner Sicht meine Stärken?

Was sind meine Schwächen?

Was halten im Gegensatz dazu Mitarbeiter, Kunden, Kollegen, Vorgesetzte und Beziehungspartner für meine Stärken und Schwächen?

Welche ex- oder impliziten Äußerungen dieser Mitmenschen weisen auf diese Fremdeinschätzung hin?

Welche von diesen Äußerungen verdränge ich gewohnheitsmäßig?

Bin ich mir überhaupt des Unterschieds zwischen Selbst- und Fremdeinschätzung bewusst? Wenn nein, wie kann ich daran arbeiten?

Damit Sie realistische Aussagen für die Fremdeinschätzungen erhalten, sollten Sie Kollegen oder auch Freunde hinzuziehen und diese unbedingt zur Kritik ermutigen. Denn nur echte, offene Aussagen können Ihnen weiterhelfen.

Ausführliche Übungen und weiter führende Informationen zum Thema »Selbstbild–Fremdbild« finden Sie in dem Buch »Selbsttraining für Führungskräfte« (S. 133 ff.) von Regina Mahlmann.

Mangelnde Disziplin

Viele Führungskräfte sind desorganisiert. Sie ertrinken förmlich im Chaos, stehen unter Zeitdruck, leben in Terminnot, erledigen ihre »eigentliche« Arbeit nach Feierabend und am Wochenende und entschuldigen dies alles damit, dass sie »so viel zu tun« oder »keine Zeit« hätten.

Objektiv betrachtet stimmt das nicht. Sie haben lediglich wenig Ahnung von Zeit- und Prioritätenplanung oder halten sich einfach nicht diszipliniert genug an Zeitpläne und setzen zu wenige Prioritäten. Sobald das E-Mail-Klingelzeichen im PC ertönt, unterbrechen sie ihre Arbeit und schauen neugierig nach. Kein Wunder, dass durch die ständigen Unterbrechungen der Arbeitsfluss verloren geht und viel mehr Zeit als eingeplant damit verbracht wird.

Stellen Sie das Klingelzeichen unbedingt ab und schauen Sie ganz konsequent am Tag nur zwei- bis dreimal in Ihre Mailbox. Versuchen Sie dies diszipliniert durchzuhalten.

Auf Trainings fragen unsere Teilnehmer oft: »Wie viel Disziplin brauche ich denn?« Darauf gibt es eine einfach Antwort: So viel wie nötig ist, um das zu erreichen, was Sie erreichen möchten. Mehr nicht. Leider ist der Begriff Disziplin in Deutschland (im Gegensatz zu anderen Ländern) negativ belegt. Ganz unnötigerweise. Denn: Disziplin heißt lediglich, das konsequent umzusetzen, was Sie sich vornehmen.

Daran ist nun wirklich nichts Negatives. Wie kommt man zu Disziplin? Man hat sie nicht automatisch, man muss sie erwerben. Das ist aber nicht schwer.

Checkliste: Disziplin entwickeln

- ☐ Wenn Sie das Wort Disziplin stört, ersetzen Sie es durch eines, das Ihnen mehr entspricht. Zum Beispiel Konsequenz, innere Stärke, Standfestigkeit, Stehvermögen, Beharrlichkeit, Commitment ...
- ☐ Wenn Sie wissen, wofür Sie etwas tun, fällt Ihnen die nötige Disziplin dafür recht leicht. Je klarer Sie sich den Nutzen eines Vorhabens vor Augen halten, desto disziplinierter können Sie daran arbeiten.
- ☐ Erinnern Sie sich ständig an diesen Nutzen, beispielsweise mit Post-its an PC und am Spiegel, mit Zettelchen im Geldbeutel ...
- ☐ Je zuverlässiger und angemessener Sie sich für Teilerfolge belohnen, desto disziplinierter sind Sie.

Das Kapitel auf einen Blick: Haben Sie die richtige Führungspersönlichkeit?

- Sie haben die fachliche Verantwortung für Ihre neue Position übernommen. Übernehmen Sie nun auch die volle Verantwortung für die Führung Ihrer Mitarbeiter.
- Vermeiden Sie die häufigsten neun persönlichen Führungsschwächen wie hohe Impulsivität, Vorurteile, ...

Vier wichtige Führungsfähigkeiten

Mängel wahrnehmen und beseitigen

Es wird Sie schon in den ersten Tagen merklich weiterbringen, wenn Sie an den vorher dargestellten neun persönlichen Führungsschwächen arbeiten.

! Mängel zu beseitigen ist notwendig. Aber es ist nicht ausreichend, um eine gute Führungskraft zu werden.

Wir alle wissen: Wenn etwas keine Mängel mehr hat, ist es zwar mängelfrei, doch noch lange nicht gut. Wenn es um Ihre Führungspersönlichkeit geht, ist es daher nötig, einerseits die Mängel zu beseitigen, Sie andererseits mit jenen Tugenden auszustatten, welche eine gute Führungskraft ausmachen.

Wenn Sie persönlich gefestigte und erfolgreiche Führungskräfte betrachten, werden Ihnen stets die folgenden vier Kernkompetenzen auffallen:

- **Kommunikative Kompetenz:** Erfolgreiche Führungspersönlichkeiten reden so, dass auch genau das gemacht wird, was sie sagen.
- **Entscheidungsfreude:** Für erfolgreiche Führungspersönlichkeiten ist Handeln oberstes Gebot.
- **Zielorientierung:** Erfolgreiche Führungspersönlichkeiten erreichen Ziele, weil sie sich Ziele setzen und diese dann auch konsequent verfolgen.
- **Delegationskompetenz:** Erfolgreiche Führungspersönlichkeiten lassen arbeiten, daher delegieren sie Arbeiten an ihre Mitarbeiterinnen und Mitarbeiter.

Lassen Sie uns nun diese vier Managementkompetenzen näher betrachten.

Kommunikative Kompetenz: Reden Sie glasklar

»Aber das tue ich doch!«, wenden viele junge Führungskräfte ein. »Ich sage meinen Leuten klipp und klar, was sie tun sollen!« Wenn dem so ist, warum müssen Sie dann bestimmte Dinge zigmal wiederholen, damit Ihre Mitarbeiter sie endlich tun? Und warum kommt etwas anderes dabei heraus, als Sie erwartet haben?

Ist doch klar: Weil die Mitarbeiter schwer von Begriff sind! Das ist eine mögliche Erklärung. Eine andere ist: Weil Sie sich einfach nicht klar genug ausgedrückt haben! Welche Erklärung ist die richtige? Darauf gibt die Kommunikationsforschung eine eindeutige Antwort:

Für die Wirkung einer Botschaft ist nie der Empfänger und immer der Sender verantwortlich. Damit ein Mitarbeiter das tut, was Sie von ihm erwarten, sollten Sie es so sagen, dass es für ihn glasklar ist.

Wenn sich jemand nicht so verhält, wie Sie das erwarten, können Sie die Schuld nicht auf ihn schieben – sie müssen es einfach nochmals versuchen und so kommunizieren, dass er tut, was Sie von ihm erwarten.

Ein Innendienstleiter sagt: »Wir brauchen mehr Umsatz. Rufen Sie alle unsere Händler an!« Sein Mitarbeiter tut dies und bringt von seiner Telefonaktion sechs Prozent Umsatzsteigerung mit. Der ID-Leiter ist wütend: »Das sind doch Peanuts! Wollen Sie mich auf den Arm nehmen?« Nein, der Mitarbeiter ist richtig stolz auf seine sechs Prozent – weil er glaubt, dass sechs Prozent »mehr Umsatz« sind. Als der ID-Leiter jedoch »mehr Umsatz« sagte, meinte er eine zweistellige Steigerung. Warum hat der »faule« Mitarbeiter diese nicht gebracht? Weil der Vorgesetzte es nicht gesagt hat.

Mit Hilfe der folgenden Checkliste können Sie an Ihrer Kommunikation arbeiten.

Checkliste: Kommunizieren Sie klar und wirksam

☐ Kommunizieren Sie nicht zwischen Tür und Angel, sondern ungestört: Tür zu, Telefon abstellen, hinsetzen, Zeit nehmen – und wenn es nur zehn Minuten sind. Aber in diesen zehn Minuten passiert nichts anderes – sonst brauchen Sie nachher zwanzig, um das Versäumnis wieder auszubügeln.

☐ Sprechen Sie die Sprache Ihrer Mitarbeiter. Verwenden Sie eine angemessene Ausdrucksweise, vermeiden Sie unnötige Management-, BWL-Begriffe oder Fremdworte.

☐ Seien Sie persönlich. Sagen Sie nicht: »Man könnte eigentlich mal wieder ...« Sondern: »Herr Meier, bitte kümmern Sie sich um ...« Nur wenn Sie eine Person ansprechen, kann diese die Aufgabe auch erledigen.

☐ Seien Sie nicht doppeldeutig: »Im Grunde müsste man ...« Muss man nun oder nicht? Seien Sie eindeutig: »Frau Meier, erledigen Sie ...«

☐ Verwenden Sie keinen Konjunktiv: müsste, könnte, sollte, bräuchte. Was Sie konjunktivisch sagen, kann man machen, aber auch lassen. Imperative dagegen kann man nicht ignorieren: »Herr Müller, rufen Sie bitte 30 A-Kunden an!«

☐ »Wir sollten dringend, mal wieder, demnächst, bei Gelegenheit, irgendwann mal, schleunigst ...« Wann wird das gemacht? Am St. Nimmerleinstag? Reden Sie zeitlich bestimmt: »Schaffen Sie das bis morgen, 10 Uhr? 14 Uhr? Prima. Also los!«

☐ Sagen Sie nicht: »Das muss erledigt werden!« Sagen Sie vielmehr konkret

1. wer
2. was
3. bis wann
4. mit welchem Ziel
5. mit welchem wie gemessenen Ergebnis es tun soll.

Das ist die 5-W-Formel, die Sie generell bei jeder Auftragserteilung anwenden sollten (sonst kommt garantiert etwas anderes dabei heraus, als Sie erwarten).

☐ Nach dieser Delegation holen Sie die definitive Zusage des Mitarbeiters für alle fünf W ein (ohne Zusage keine Verbindlichkeit). Gegebenenfalls müssen Sie über einzelne W mit dem Mitarbeiter verhandeln.

☐ Sagen Sie Bitte und Danke. Warum? Weil Sie wollen, dass Ihre Botschaft auch beim Mitarbeiter ankommt. Stimmt die Form nicht, wird der Inhalt einer Kommunikation blockiert.

☐ Verstecken Sie sich nicht hinter Ihrem Schreibtisch, scheuen Sie nicht den Blickkontakt und spielen Sie nicht mit Ihrem Kugelschreiber, sondern wenden Sie sich dem Mitarbeiter auch körpersprachlich uneingeschränkt zu.

☐ Nuscheln, Schnellsprechen und Herunterleiern sollten Sie vermeiden. Sprechen Sie mit Ihren Mitarbeitern in angemessener Lautstärke in einem angemessenen Tempo und deutlich artikuliert (klingt selbstverständlich, wird aber vielfach nicht gemacht).

☐ Prüfen Sie nach, ob Ihr Mitarbeiter verstanden hat, was Sie ihm sagten, indem Sie ihn in eigenen Worten seinen Auftrag umschreiben lassen.

☐ Fordern Sie seine Einwände und Bedenken ein (schwache Führungskräfte ignorieren diese in der kindlichen Hoffnung, dass verschwindet, was man nicht anspricht). Klären Sie diese.

☐ Reden Sie nicht um den heißen Brei herum. Haben Sie Mut zu unbequemen Botschaften. Sagen Sie zum Beispiel nicht: »Ihre Leistung lässt zu wünschen übrig.« Sagen Sie konkret: »In Punkt X erwarte ich mehr Y von Ihnen.« Das empfindet der Mitarbeiter nicht als böse, sondern als hart, aber hilfreich.

☐ Sagen Sie Ihren Mitarbeitern nicht, was sie tun sollen – es sei denn, Sie stehen unter akutem Zeitdruck. Fragen Sie stattdessen, wie diese die Sache angehen möchten. Das meint der Managementspruch: »Wer fragt, der führt.« Wenn Sie Ihren Mitarbeitern sagen, was sie zu tun haben, werden sie es halbherzig tun. Eigene Ideen werden dagegen mit vollem Engagement verfolgt. Sie müssen lediglich so lange verhandeln, bis die Ideen Ihren Erwartungen entsprechen.

Diese Checkliste werden Sie, auf sich gestellt, mit etwas Disziplin und Übung in einigen Wochen meistern. Etwas schneller und leichter geht es zusammen mit netten Kollegen auf einem Training. In dringenden oder hartnäckigen Fällen hilft ein Coaching weiter. Ob Sie allein oder mit Kollegen, Trainern oder Coaches üben, ist nicht so wichtig. Viel wichtiger ist, dass Sie überhaupt üben.

Wenn Sie sich ausführlich mit dem Thema Kommunikation auseinandersetzen möchten, dann empfehlen wir Ihnen die folgenden Bücher:

- »Miteinander reden« von Friedemann Schulz von Thun
- »Kommunikation klipp und klar« von Kris Cole
- »Kommunikationstraining« von Vera. F. Birkenbihl
- »Job-Talk« von Deborah Tannen

Entscheidungsfreude: Handeln ist oberstes Gebot

Erfolgreiche Führungspersönlichkeiten fackeln nicht lange herum – sie handeln. Man sollte meinen, dass gerade frisch beförderten Führungskräften diese Fähigkeit besonders liegt. Das Gegenteil ist leider meist der Fall.

- Viele, die eben in den ersten Führungsjob befördert wurden, zeigen eine ausgesprochene Absicherungsmentalität: Sie wollen nicht entscheiden, sondern sich erst gegen alle Eventualitäten absichern.
- Sie entscheiden nicht, sondern schieben Entscheidungen auf, »bis alles reif für die Entscheidung ist« – dann ist es aber oft zu spät.
- Sie haben Angst vor einer falschen Entscheidung und entscheiden deshalb gar nicht oder viel zu langsam.
- Sie entwickeln eine »Paralysis thru Analysis« – das heißt übersetzt: analysieren Entscheidungen zu Tode.
- Sie haben Angst, sich mit unpopulären Entscheidungen unbeliebt zu machen.

Natürlich ist diese Entscheidungshemmung durchaus verständlich. Gerade im neuen Job sind viele noch unsicher, wollen gefallen, kennen die genauen Abläufe im Unternehmen noch nicht, und vor allem trauen sie ihrer eigenen Entscheidungskompetenz nicht. Das ist das Problem – und gleichzeitig die Lösung: Denn wenn die Entscheidungskompetenz unterentwickelt ist, dann kann daran gearbeitet werden!

Viele Neulinge hoffen darauf, dass sie »mit der Zeit mehr Erfahrung bekommen«. Eine trügerische Hoffnung. Denn sie verleitet zum Nichtstun. Und Nichtstun ist weder ein erfolgs- noch ein karriereförderlicher Faktor.

> Wer Entscheidungskompetenz erlangen möchte, der muss sie aktiv entwickeln! Auch hier gilt: üben, üben, üben.

In unseren Führungstrainings hat sich dafür eine ganz einfache Vorgehensweise bewährt:

- Identifizieren Sie Ihre Entscheidungshemmnisse.
- Überwinden Sie diese Hemmnisse.
- Trainieren Sie Entscheidungen.
- Evaluieren Sie Ihr Entscheidungsverhalten.

Entscheidungshemmnisse identifizieren

Jeder, der weniger Entscheidungen trifft oder weniger schnell Entscheidungen trifft als nötig, hat dafür einen persönlichen Grund, ein individuelles Hemmnis. Entdecken Sie dieses, ist die Entscheidungshemmung bereits halb beseitigt.

Übung

Fragen Sie sich also: Was hindert mich an schnellen Entscheidungen?

Warum treffe ich nicht die Entscheidungen, die ich treffen müsste?

Identifizieren Sie so Ihre persönlichen Hindernisse. Wenn Sie diese schriftlich fixieren, verdoppeln Sie damit die Erfolgswahrscheinlichkeit. Denn: Was man schwarz auf weiß besitzt, ist verbindlicher.

Entscheidungshemmnisse überwinden

Die meisten Entscheidungsängste lassen sich mit folgender Frage aushebeln: Was würde passieren, wenn Sie die falsche Entscheidung treffen? – Im Alleingang ist diese Frage etwas schwerer zu beantworten. Im Coaching oder Seminar kommt dagegen durch die Rückmeldung der Teilnehmer oder des Coachs schnell heraus: Die befürchteten Folgen einer Fehlentscheidung sind oft unrealistisch. Sie sind überzogen. Hier einige Zitate von Trainingsteilnehmern:

- »Meine Chefin reißt mir den Kopf ab!«
- »Mein Boss macht meine Beförderung rückgängig!«
- »Dann bin ich bei meinen Leuten unten durch!«

Wegen einer einzigen Fehlentscheidung? Nie im Leben! Das ist an den Haaren herbeigezogen. Und das erkennt man auch, wenn man die befürchteten Folgen einmal laut ausspricht oder aufschreibt.

Bei der Überwindung von Entscheidungshindernissen hat sich besonders ein Argument als besonders schlagkräftig erwiesen:

> Machen Sie sich klar, dass eine Fehlentscheidung weitaus geringere (oft gar keine) Folgen hat als ein Entscheidungsvakuum!

Ihre Mitarbeiter, Kollegen und Kunden können mit einem Fehler umgehen. Denn dann ist wenigstens etwas vorhanden, mit dem man umgehen kann! Treffen Sie jedoch keine Entscheidung, hängt alles in der Luft – und damit kann man in einem Wirtschaftsbetrieb, in dem es vorangehen muss, nicht zurechtkommen. Machen Sie sich in aller Deutlichkeit klar: Schlimmer als jede Fehlentscheidung ist es, keine Entscheidungen zu treffen!

Außerdem gilt im Falle einer Fehlentscheidung: Je souveräner Sie einen Fehler einräumen können, desto menschlicher werden Sie Ihren Mitarbeitern. Wer Fehler souverän eingesteht, verliert nicht, sondern gewinnt an Autorität. Ein Zusammenhang, den Sie lieber früher als später erkennen sollten.

Entscheidungen trainieren

Das hört sich für Sie seltsam an? Das gilt aber nur für das ungeübte Ohr. Jeder Sportler weiß: Ohne Training keine Verbesserung. Sie können nicht allein deshalb besser entscheiden, nur weil Sie sich das vornehmen. Sie müssen es trainieren. Fangen Sie dabei klein an:

Nehmen Sie sich zunächst für jeden Tag eine kleine Entscheidung vor, die Sie schneller und klarer treffen möchten.

Achten Sie darauf, dass Sie sich nicht übernehmen und damit den Verbesserungsprozess bremsen oder gar beenden. Trainieren Sie anfangs bewusst an kleinen Entscheidungen. Zum Beispiel ob Sie jetzt gleich mit dem Mitarbeiter sprechen oder einen Termin ausmachen. Ob Sie einen Kunden oder Kollegen sofort zurückrufen oder ob Sie erst einige Rückrufe zusammenkommen lassen. Achten Sie bewusst darauf, wie sich Ihr Entscheidungstempo und Ihre Entscheidungsstärke verbessern. Dann steigern Sie langsam Wichtigkeit und Umfang der Entscheidungen, an denen Sie trainieren.

Entscheidungsverhalten evaluieren

Reflektieren Sie Ihr eigenes Entscheidungsverhalten. Wenn Sie möchten, können Sie das tagebuchartig dokumentieren – dadurch steigern Sie Ihre Verbesserungsgeschwindigkeit. Reflektieren (und dokumentieren) Sie:

- Welche Entscheidungen habe ich heute getroffen?
- Wie viele waren es insgesamt?
- Was kam dabei heraus?
- Was lief gut?
- Was kann ich besser machen?

Diese Reflexion baut restliche Entscheidungsängste schnell ab. Denn Sie sehen: Im Grunde kann ich das schon ganz gut. Erfolge motivieren zum Weitermachen. Also machen Sie Ihre Erfolge sichtbar.

Nach diesen vier Schritten zur Beseitigung von Entscheidungshindernissen sind nicht nur Ihre Entscheidungsängste verschwunden. Es wird Ihnen sogar Freude bereiten, Entscheidungen zu treffen. Vor allem, wenn Sie feststellen, wie viel Erfolg Sie dabei haben.

Zielorientierung: effizientes Arbeiten vorantreiben

Viele Führungskräfte stehen ständig unter Zeitdruck, verzetteln sich in 100 Tätigkeiten, während das wirklich Wichtige liegen bleibt. Das wirkt zwar sehr geschäftig und wichtig, bewegt aber zu wenig. Und das merken sie auch, was der häufig zu hörende Satz zeigt: »Heute wieder viel geschafft und wenig bewegt.«

> **!** Wer viel tut und wenig erreicht, sollte nicht noch mehr, sondern effizienter arbeiten.

Effizienz ist direkt an die Zielorientierung gekoppelt. Für den Zielprozess hat sich die folgende Vorgehensweise bewährt.

- **To-do-Liste erstellen:** alles, was Sie in diesem Jahr, diesem Monat, dieser Woche, diesem Tag tun müssen. Am besten erstellen Sie die Liste am PC – denn sie ändert sich ständig. Das ergibt dann eine Riesenliste! Das ist gut so. Denn nur wenn Sie die Liste aufstellen, können Sie erkennen: Das schafft ein Mensch alleine nie!
- **Weglassraster:** Forsten Sie die Liste nach Aufgaben durch, die Sie weglassen oder verschieben können. Kriterium dafür sind die Folgen: Was passiert wirklich, wenn Sie diese weglassen oder verschieben? Die Folgen sind trivial? Dann nur zu! Faustregel: Mindestens zehn Prozent können Sie problemlos streichen.
- **Delegationsraster:** Delegieren Sie alles, was delegierbar ist. Wenn sich dabei die Liste nicht um mindestens 20 Prozent verkürzt, haben Sie ein Delegationsproblem.
- **Umfangsraster:** Bei welchen Aufgaben können Sie den Umfang ohne weiteres reduzieren? Wo reichen einfache Lösungen und De-Luxe-Lösungen sind überflüssig?

Mit Weglass-, Delegations- und Umfangsraster reduzieren erfahrene Führungskräfte ihre To-do-Liste um bis zu 50 Prozent.

- **Terminraster:** Markieren Sie alle Aufgaben mit fixen Terminen, sortieren Sie diese in eine gesonderte Liste und nummerieren Sie sie durch. Diese Aufgaben müssen Sie auf jeden Fall mit Vorrang bearbeiten. Allein mit dieser Maßnahme haben Sie die Gefahr, dass Sie sich in der täglichen Bürohektik verzetteln, dramatisch reduziert. Sie werden, wenn Sie halbtäglich diese Terminliste konsultieren, keine Termine mehr verschlafen.
- **Nach der Terminliste erstellen Sie Ihre Prioritätenliste:** Jetzt ist alles Wichtige dran. Was ist wichtig? Wirklich wichtig ist nur
  A) das, woran Sie gemessen werden;
  B) das, was Sie im Job erreichen wollen;
  C) das, was Ihre Abteilung, Ihren Bereich, Ihren Chef oder Ihr Unternehmen voranbringt;
  D) das, wovon andere im Unternehmen abhängig sind.
  Bekommen Sie eine neue Aufgabe, forsten Sie diese automatisch von A bis D durch. Ist es keine wichtige Aufgabe, dann delegieren Sie sie. Denn sie ist eben nur dringend, nicht wichtig.
- **Erledigen Sie alles Wichtige zuerst:** Das Dringliche muss warten, es ist nachrangig. Orientieren Sie sich dabei an der 60:40-Regel. 60 Prozent Ihrer Zeit verwenden Sie für Wichtiges, 40 Prozent für Dringendes. Bei Jungmanagern ist die Quote meist eher 20:80. Gewiss, für eine 60:40-Quote brauchen Sie Disziplin – aber diese haben Sie sich inzwischen hoffentlich angeeignet. Nimmt das Dringliche mehr als 40 Prozent Zeit in Anspruch, machen Sie sich Luft durch Weglassen, Delegieren, Umfangskürzung oder Vertrösten. Das tut manchmal weh, weil diese Aufgaben ja auch ihre Berechtigung haben. Doch wenn Sie sich ausmalen, welche wichtigen Aufgaben Sie stattdessen erledigen könnten, nimmt dieser Schmerz rasch ab. Denn Sie wissen nun: Das Dringende ist nicht wirklich wichtig.

Delegationskompetenz: Lassen Sie arbeiten

Es gibt einen deutlichen Unterschied zwischen alt gedienten und frisch gebackenen Führungskräften: Erfahrene Vorgesetzte lassen arbeiten, weniger erfahrene arbeiten zu vieles selbst, vor allem zu viel Unwichtiges – was auch dem Vorgesetzten früher oder später auffällt. Dadurch erhöht sich noch der Druck, der Neue arbeitet noch mehr – anstatt endlich zu delegieren!

Warum delegieren frisch gebackene Führungskräfte zu wenig? Weil sie es oft perfekt haben möchten (»Wenn das richtig gemacht werden soll, muss ich es schon selbst machen.«), weil sie Kontrollverlust fürchten, kein Vertrauen in ihre Mitarbeiter haben oder Verlust von Anerkennung befürchten, wenn sie Arbeiten aus der Hand geben. Wegen dieser starken Motive ist es nicht leicht, eine gesunde Delegationskompetenz zu erwerben – aber es ist bitter nötig.

> **!** Wer nicht ausreichend delegiert, schafft seine eigentlichen Aufgaben nicht, erreicht seine Ziele nicht und brennt früher oder später aus.

Wie kommen Sie nun zu einer ausreichenden Delegationskompetenz? Indem Sie zunächst Ihr Delegationshindernis identifizieren. Sie befürchten Anerkennungsverlust, wenn Sie Aufgaben aus der Hand geben? Dann fragen Sie sich: Was könnten Sie an wirklich Wichtigem tun, wenn Sie durch Delegation Zeit einsparten?

Bekommen Sie für dieses wirklich Wichtige nicht sehr viel mehr Anerkennung? Schließlich müssen Sie ja nicht jene Aufgaben delegieren, für die es am meisten Anerkennung gibt! Im Gegenteil. Delegieren Sie Routinetätigkeiten.

Delegieren Sie zu wenig, weil Sie (noch) kein Vertrauen in Ihre Mitarbeiter haben? Dann fragen Sie sich: Woran mache ich dieses Misstrauen fest? An konkreten, stichhaltigen Beispielen? Meist stellt sich heraus, dass dieses Misstrauen ein reines Vorurteil ist. Wie Sie mit Vorurteilen umgehen können, haben Sie bereits erfahren (s. S. 28 ff., »Wer vorurteilsfrei führt, führt erfolgreich«). Diese Vorurteile über die Unfähigkeit der Mitarbeiter basieren meist nicht auf harten Fakten, sondern auf Hörensagen und den Abschiedsworten des Vorgängers. Meist ist daran nichts wahr. Zerstreuen Sie Ihr Misstrauen.

Wenn Sie zu wenig delegieren, weil Sie fürchten, die Kon delegierte Aufgaben zu verlieren, dann ist Ihnen noch ni(dass man auch delegieren kann, ohne die Kontrolle aufzugeb Gegenteil: Sie sollten stets so delegieren, dass Sie die volle Kontrolle behalten, indem Sie zum Beispiel mit dem Mitarbeiter Zwischentermine zur gemeinsamen Überprüfung seiner Arbeitsfortschritte vereinbaren. Delegation ohne Kontrolle ist Unfug. Wie Delegation plus Kontrolle aussehen kann, betrachten wir ausführlich im Kapitel »Viele Führungskräfte überschätzen ihre Führungskompetenz«.

Wenn Sie ungern delegieren, weil es nur dann perfekt ist, wenn Sie es selbst machen, dann überlegen Sie sich: Was könnte schlimmstenfalls passieren, wenn der Mitarbeiter Fehler macht? Sind diese Folgen realistisch oder überziehen Sie in Ihrem Perfektionismus? Wenn die Fehlerfolgen tolerabel sind: Delegieren Sie! Zum Perfektionismus eine Anmerkung: Wenn Sie von zehn beliebigen Aufgaben zwei bis vier delegieren können, haben Sie Ihren Perfektionismus selbst überwunden. Schaffen Sie die Quote nicht, brauchen Sie einen Coach. Denn hartnäckiger Perfektionismus lässt sich nicht im Do-it-yourself-Verfahren abstellen. Er ist inzwischen auch einer der häufigsten Gründe, weshalb Führungskräfte einen Coach konsultieren.

Das Kapitel auf einen Blick: Führungsfähigkeiten trainieren

- Erwerben Sie kommunikative Kompetenz: Reden Sie klar und konsequent!
- Entwickeln Sie Entscheidungsfreude. Handeln ist oberstes Gebot!
- Erwerben Sie Zielorientierung: Ziele sind wichtiger als Aktivitäten!
- Entwickeln Sie Delegationskompetenz: Chefs lassen arbeiten!

Systemisch führen: Sich selbst nicht so wichtig nehmen

Wer sich zu wichtig nimmt, kriegt Ärger

Frank übernimmt von seinem pensionierten Vorgänger eine Entwicklungsgruppe. Nach einigen Tagen auf dem neuen Chefsessel meint er zu seinen Mitarbeitern: »Also wie die Dokumentation hier abläuft, finde ich sehr unglücklich. Wir sollten das schleunigst ändern.« Die Mitarbeiter blicken ihn stumm an. Sobald sie unter sich sind, ziehen sie über ihn her: »Seit dreißig Jahren dokumentieren wir so – aber er weiß schon nach drei Tagen alles besser!«

Sylvia ist die neue Innendienstleiterin eines Laborbedarfherstellers und sauer auf die schlampige Art und Weise, mit der einige Außendienstmitarbeiter ihre Besuchsberichte ausfüllen. Sie äußert lautstark Kritik. Daraufhin steht binnen Stunden der Verkaufsleiter mit hochrotem Kopf in ihrem Büro und schreit sie an: »Wenn Sie jemanden zur Sau machen wollen, dann machen Sie das mit Ihren eigenen Mitarbeitern! Meine Verkäufer lassen Sie gefälligst in Ruhe, sonst können Sie was erleben!«

Was ist hier passiert? Betrachten wir die Fakten. Die neuen Führungskräfte

- verfolgten die besten Absichten,
- wollten einen Missstand abstellen,
- wollten ihren Vorgesetzten beweisen, wie kompetent sie sind,
- hatten zwar in der Sache hundertprozentig Recht,
- fielen aber trotzdem in Ungnade.

Warum? Weil sie sich unbewusst zu wichtig nahmen. Sie glaubten ganz selbstverständlich, Anerkennung zu bekommen, wenn sie einen Missstand aufdecken. Das betriebliche Umfeld machte ihnen jedoch schnell klar, dass sie *so* wichtig nun doch nicht sind und verwies sie in ihre Schranken. Wir sehen: Wer es endlich richtig, besser oder einfach nur anders als sein Vorgänger auf dem Chefsessel machen möchte, erlebt meist ein schlimmes Erwachen.

Das Newcomer-Paradoxon: Gut gemeint, schlecht gemacht

Die meisten neuen Führungskräfte wollen nur das Beste für ihren Führungsbereich – und erreichen dabei häufig das Gegenteil: Die Mitarbeiter rebellieren, die Kollegen toben, die Vorgesetzten schütteln verwundert den Kopf, allenthalben brechen Konflikte auf, das Klima kühlt ab und die Produktivität sinkt.

Führungskräfte leiden unter dieser Situation, wie uns etliche in Coaching und Training berichteten: »Viele Kollegen und Mitarbeiter sprechen nicht mehr mit mir! Dabei habe ich es nur gut gemeint!« Selbst der eigene Vorgesetzte schneidet sie. Das belastet sie. Sie ahnen meist nicht, dass sie das Übel selbst verursacht haben.

Betrachten wir Franks Entwicklungsgruppe: Zwei der Entwickler finden Franks Idee mit der neuen Dokumentation gar nicht so schlecht, während drei der Kollegen sie überhaupt nicht gut finden. Franks Team ist in zwei Lager gespalten. Er hält die Mitarbeiter des einen Lagers für inkompetent: »Ja sehen die nicht, wie ineffizient die alte Dokumentation ist?« Offensichtlich nicht. Und damit ist Franks gute Idee erst einmal ausgebremst.

Warum? Viele Führungskräfte haben gute Ideen – aber sie wissen nicht, wie man mit oppositionellen Lagern umgeht.

Weil der Begriff »Lager« schon anderweitig belegt ist (von Logistik und Lagerhaltungstheorie), nennt die moderne Organisationsentwicklung das, was wir hier Lager genannt haben, System. Frank und Sylvia haben gute Ideen. Aber sie wissen nicht, wie sie mit den Systemen umgehen müssen, die gegen diese Ideen opponieren. Sie haben eine zu geringe systemische Kompetenz. Das kann man ändern. Beginnen wir damit, dass wir aus den beiden Fallbeispielen neun allgemein gültige Erkenntnisse über Systeme ziehen.

Die neun Prinzipien der Systemik in der Führung

An den beiden Beispielen erkennen Sie einige der grundlegenden Prinzipien der Systemik, der Lehre vom Verhalten der Systeme:

INFO

Die neun Systemprinzipe

- Es nützt wenig, wenn Sie die besten Absichten verfolgen. Entscheidend ist die Frage: Wie reagieren die Systeme auf Ihre Ideen?
- Kein Mensch ist eine Insel – obwohl Führungskräfte sich oft so verhalten. Sie ignorieren die Systeme in ihrem Umfeld und reagieren frustriert, wenn die Systeme Widerstand leisten.
- Als Führungskraft bewegen Sie sich immer in mehreren Systemen: Können Sie mit den einzelnen Systemen umgehen?
- Ignorieren Sie Systeme nicht – rechnen Sie mit ihnen.
- Schärfen Sie Ihren Blick für die Systeme im Unternehmen.
- Nicht Ihre Fachkompetenz oder Ihre Weisungsbefugnis entscheidet über Erfolg und Vorwärtskommen, sondern Ihre Systempflege.
- Gegen ein System können Sie nicht kämpfen. Das System ist immer stärker als der Einzelne.
- Systeme können Weisungen umgehen, aussitzen, verfremden, sabotieren.
- Sie können ein System jedoch so beeinflussen, dass es sich in Richtung auf Ihre Wünsche bewegt.

Das 4-Stufen-Modell des systemischen Führens

Es ist mühsam und obendrein unnütz, sich mit einem System anzulegen, gegen den sprichwörtlichen Strom zu schwimmen. Sie können jedoch an strategischen Stellen Steine in den Strom legen. Dann beginnt der Fluss, anders zu fließen. Wer führen will, braucht systemische Intelligenz. Mit dieser Intelligenz wird man(ager) nicht geboren; sie will vielmehr erworben werden. Hilfreich dabei sind vier Kernfragen:

- Welche Mitglieder sind im System vorhanden?
- Wie reagiert das System auf mein Handeln?
- Welche Gründe haben die Systemmitglieder für ihr Handeln?
- Wie sollte mein Handeln aussehen, damit das System in meinem Sinne reagiert?

Betrachten wir diese vier Fragen im Einzelnen.

Welche Mitglieder sind im System vorhanden? Und: Wie reagiert das System auf mein Handeln?

Wie ein System auf Ihre Ideen reagiert, hängt davon ab, wer die Systemmitglieder sind. Das klärt die erste Systemfrage. Verknüpfen Sie diese mit der zweiten Frage: Wie reagieren diese Systemmitglieder wohl auf Ihr geplantes Vorhaben? Wenn Sie beide Fragen zusammen beantworten, erhalten Sie die Basis der Systemsteuerung:

Die Befürworter-Gegner-Matrix zeigt Ihnen die kritischen Mitglieder jedes Systems.

Diese Matrix können Sie formlos nach eigenem Belieben erstellen. Wenn Sie schriftliche Notizen machen, behalten Sie leichter den Überblick.

INFO

Befürworter-Gegner-Matrix

System: meine Mitarbeiter

Systemmitglieder	Befürworter	Gegner
Anton Müller	X	
Bernd Maier		X
Claudia Keller	X	
Frank Zabel	X	
Erich Schmidt		X
Monika Schnell		X

Kleiner Tipp: Ersetzen Sie das X im jeweiligen Matrixfeld durch den oder die Gründe, weshalb das betreffende Systemmitglied für den Vorschlag oder dagegen ist.

Mit so einer Matrix hätten sich Frank und Sylvia massive Widerstände erspart. Sie hätten vorher gesehen, von welchen Systemmitgliedern welche Widerstände zu erwarten sind und hätten sich darauf vorbereiten können.

Welche Gründe haben die Systemmitglieder für ihr Handeln?

Wenn Sie die Befürworter-Gegner-Matrix erstellen, können Sie einige Überraschungen erleben. Frank zum Beispiel sagt: »Ich fasse es nicht! Warum ist Bernd Maier gegen die neue Dokumentation? Das verstehe ich nicht!«

Reaktionen von Systemmitgliedern erscheinen zunächst oft irrational. Fragen Sie sich: »Was bringt dem Systemmitglied sein Verhalten?« Wenn Sie ernsthaft darüber nachdenken, kommen Sie meist sehr schnell auf plausible Gründe. Denn Sie entdecken den Nutzen hinter dem scheinbar unangemessenen Verhalten.

Bernd Maier lehnt die neue Dokumentation eben nicht ab, weil er dumm oder bösartig wäre. Er lehnt sie ab, weil er zurzeit so viele andere Aufgaben hat, dass er sich nicht auch noch in ein neues Dokumentationssystem einarbeiten kann – wie er meint. Seine Weigerung ist also rational: Sie schützt ihn vor Überlastung. Jedes Systemmitglied verhält sich nutzenmaximierend – auch wenn das *Ihren* Nutzen nicht maximiert!

! Jedes Systemmitglied verhält sich rational – aus seiner eigenen Sicht betrachtet.

Das Entscheidende dabei ist, ein System so zu sehen, wie es sich selbst sieht. Konkret heißt das: Wenn Sie möchten, dass Ihre Mitarbeiter das leisten, was Sie von ihnen erwarten, tun Sie für einige Minuten so, als ob Sie selbst Mitarbeiter wären – Sie werden schnell darauf kommen, wie Sie Ihre Mitarbeiter für Ihre Vorhaben begeistern können. Dieses Hineindenken in ein System funktioniert selbstverständlich auch mit anderen Systemen wie zum Beispiel der Geschäftsführung, der Einkaufsabteilung oder dem Beziehungspartner.

Wie reagiert das System auf mein Handeln?

Wie steuern Sie ein System? Indem Sie das umsetzen, was Sie bei der dritten Systemfrage über das System erfahren haben. Wenn Frank zum Beispiel Bernd Maier überzeugend darlegen kann, wie er trotz neuem Dokumentationssystem seinen Nutzen (= erträgliche Arbeitsbelastung) wahren kann, wird sich Bernd Maier in Richtung auf Franks Ziele bewegen.

Einige von Franks Systemmitgliedern sperren sich gegen die neue Dokumentation. Frank sucht nach vorhandenen Systemressourcen, die sein Vorhaben unterstützen könnten. Er erinnert sich daran, dass diese Mitarbeiter sehr qualitätsbewusst arbeiten. Also zeigt er ihnen auf, wie die neue Dokumentation zu einer deutlich besseren Qualität der Dienstleistungen der Abteilung führen wird.

Diese vorhandene Systemressource ist der Hebel, mit der Frank das System bewegt. Ihr System hat keinen solchen Hebel? Dann schauen Sie etwas genauer nach. Jedes System hat ein besonderes Bewusstsein, eine Nutzenerwartung, ein ganz besonderes Interesse, das nur darauf wartet, von Ihnen entdeckt zu werden. Wenn es nicht Qualitätsbewusstsein ist, dann ist es vielleicht (Arbeitsplatz-)Sicherheit oder Bequemlichkeit oder ... Es gilt lediglich, diesen Hebel zu entdecken.

Das hört sich alles einleuchtend an: Sie finden einfach die Ressourcen Ihres Systems und beeinflussen es dann nach Ihren Zielen. Doch so einfach fällt das vielen Führungskräften nicht, wie wir gleich sehen werden.

Warum Führungskräfte oft nicht systemisch führen wollen

Viele Führungskräfte sind über den Gedanken nicht begeistert, ihre Systeme positiv zu beeinflussen: »Immerhin bin ich der Vorgesetzte! Ich suche keine Systemressourcen! Ich gebe vor und bestimme die Richtung!« Eine verständliche Einstellung. Sie hat nur einen Mangel: Sie funktioniert nicht. Daher sollten Sie sich die Frage stellen: Wollen Sie sich auf Ihre Weisungsbefugnis verlassen oder Erfolg haben?

Weisungen werden oft nicht in Ihrem Sinne befolgt. Sie funktionieren vor allem dann häufig nicht, wenn es darauf ankommt.

Das heißt nicht, dass Sie ab sofort nicht mehr anweisen sollen. Sie sollten lediglich genau prüfen, ob Ihr konkretes System positiv auf Weisungen reagiert. Manche Systeme reagieren extrem negativ auf Weisungen, andere brauchen Weisungen geradezu. Gerade deshalb ist das Systemprinzip »Schärfen Sie Ihren Blick für Systeme« so wichtig. Dann erkennen Sie auch, wie Ihre Systeme auf Weisungen reagieren und welche Art von Führung sie brauchen.

Die Spielregeln der Systeme

Wenn Sie in Ihrem Führungsalltag die genannten vier Systemfragen (s. S. 52 ff.) stellen, werden Sie bei der dritten Frage häufig eine seltsame Regelmäßigkeit beobachten: Systeme haben Spielregeln!

Wenn Frank die Versuchswerkstatt betritt, tuschelt es hinter seinem Rücken oft: »Was macht denn der Krawattenträger hier?« Also streift er sich, seit er systemisch denkt, bei seinen Besuchen der Werkstatt einen grauen Werkstattkittel über. Sobald er die Werkstatt verlässt, zieht er den Kittel aus, denn sonst würde das System der Führungskräfte, dem er ebenfalls angehört, tuscheln: »Was macht denn der Graukittel hier?« Die Spielregel in diesen beiden Systemen lautet offensichtlich: Die Kleidung muss zum System passen.

Sylvia hat sich früher sehr über die »Erbsenzähler aus dem Vertriebscontrolling« aufgeregt. Seit sie sich die dritte Systemfrage gestellt hat, hat sie die Spielregel identifiziert: »Ohne eine Tabelle ist ein Controller nicht gesprächsbereit.« Sie ärgert sich nicht länger über die Erbsenzählerei, sie fertigt eine Tabelle an, wenn sie mit einem Controller reden möchte.

Halten Sie sich an die Spielregeln und Sie werden mit Systemen leichter umgehen können.

Wenn Sie die Spielregeln eines Systems kennen, können Sie es auch steuern. Wundern Sie sich nicht über die Spielregeln, die Sie nicht nachvollziehen können – nutzen Sie sie für Ihre Zwecke! Sie brauchen aus diesem Grund auch nicht der große Meister der Motivation zu sein. Sie motivieren Systemmitglieder immer noch am besten, wenn Sie die Spielregeln des Systems kennen.

Der Mega-Hebel des Systems

Bei der vierten Systemfrage haben wir gesehen, dass Sie ein System am besten beeinflussen können, indem Sie an seinen Hebeln ansetzen: an seinen Interessen, Bedürfnissen, Nutzen. Sie können also:

- alles, was ein System oder Systemmitglied interessiert;
- alles, was sich ein System oder Systemmitglied wünscht;
- alles, was einem System oder Systemmitglied nutzt;

dazu verwenden, das System in Ihrem Sinne zu beeinflussen. Eine der potentesten Steuerungsfragen ist darüber hinaus die Gegenleistungs-Frage: Was erwartet das System oder das Systemmitglied eigentlich von mir?

Frank hat seine Gruppe fast schon von der neuen Dokumentation überzeugt – bis auf einen Entwickler. Dieser sträubt sich gegen alle Steuerungsversuche von Frank. Da stellt sich Frank die Gegenleistungsfrage: Was will er eigentlich von mir? Als er nicht darauf kommt, stellt er die Frage dem Entwickler: »Was erwarten Sie von mir?« Nach einem kurzen Gespräch kommt heraus, dass der Entwickler sich sträubt, weil er im Team als die eigentliche Softwarekompetenz gilt. Das wusste Frank nicht. Er schlägt dem Entwickler vor, ihm die Auswahl der konkreten Dokumentationssoftware zu übertragen. Der Entwickler gibt seinen Widerstand auf und wird nun seinerseits zum glühenden Verfechter eines neuen Systems – schließlich bekam er, was er erwartete: Anerkennung als heimliche Softwarekoryphäe des Systems.

Die Systemsimulation

Sobald Sie sich fragen, wie Ihr Handeln aussehen sollte, damit ein System in Ihrem Sinne reagiert (vierte Systemfrage), werden Sie auf eine Vielzahl von Möglichkeiten stoßen: Es gibt viele Hebel, an denen Sie ansetzen können – welches ist der beste? Sie finden es am schnellsten heraus, indem Sie sich die **Simulationsfrage der Systemik** stellen: Wenn ich ... mache – wie wird das System reagieren?

Allein durch diese Frage wird ein System weitgehend vorhersehbar und berechenbar. Wer systemisch denken kann, kann quasi in die Zukunft blicken: eine Schlüsselkompetenz für Führungskräfte. Am Anfang fällt es Ihnen vielleicht schwer, diese Frage zu beantworten. Warum? Weil uns Elternhaus, Schule und Gesellschaft mehrheitlich nicht dazu erzogen haben, an die Systeme zu denken, in denen wir uns bewegen. Das ist kulturell bedingt. In anderen Kulturen ist das anders. In Japan zum Beispiel werden Kinder mit Blick auf Kaizen (ständiger Verbesserungsprozess) und Systemik erzogen. Das zeigt: Systemik ist Trainingssache. Wenn Sie es bisher nicht gelernt haben, können Sie sich systemisches Denken mit ein wenig Übung selbst aneignen: Simulieren Sie das Verhalten des Systems, das Sie beeinflussen wollen, immer erst, bevor Sie es tatsächlich beeinflussen. Legen Sie sich Ihre Optionen der Steuerung zurecht und überlegen Sie bei jeder einzelnen, wie das System darauf reagieren könnte.

Frank ist inzwischen ein recht guter »Simulant«. Sein Mitarbeiter hat ein besonders teures Dokumentationsprogramm ausgewählt. Frank weiß: Der Vorstand wird sich dagegen sperren. Frank sieht drei Möglichkeiten der Steuerung des Systems »Vorstand« und spielt sie simulativ durch:

- **Investitionsantrag stellen:** Das System »Vorstand« wird ablehnen, da die übliche Bewilligungssumme überschritten wird.
- **Verbündung mit dem Controllingleiter:** Das System »Vorstand« wird ebenfalls ablehnen, jedoch länger brauchen.
- **Den Finanzvorstand überzeugen:** Das System »Vorstand« wird zustimmen, weil die neue Dokumentationssoftware Kosten spart und der Finanzvorstand alles im System »Vorstand« durchsetzt, was Kosten spart.

Der Mensch als Produkt seines Systems

Das Verhalten jedes Einzelnen wird immer auch von den Systemen bestimmt, in denen er sich bewegt. Wenn Ihre Mitarbeiter, Kollegen, Vorgesetzten, Kunden oder Geschäftspartner also mal wieder »spinnen«, spinnen sie in der Regel nicht. Sie verhalten sich lediglich systemkonform. Wenn Sie als Führungskraft eine Veränderung anpacken, sollten Sie sich vorher fragen: Wie weit können sich die Systemmitglieder auf meine Wünsche einstellen, bevor sie in Konflikt mit ihrem System geraten?

Der junge Vertriebsleiter eines Maschinenbauers, 32 Jahre alt, ledig, kinderlos, muss hoch gesteckte Ziele erreichen. Daher erhöht er die vorgeschriebene Anzahl der Kundenbesuche seines Außendienstes von fünf auf acht pro Tag. Binnen eines Quartals verlässt ihn knapp ein Drittel seiner Verkäufer – natürlich nur die guten (die finden immer einen anderen Job). Warum? Es gab Konflikte mit dem Familiensystem: »Wenn ich meine Kinder nicht mehr vom Kinderhort abholen kann, überlege ich mir, wo ich weiter arbeite.« Der Vertriebsleiter ist Single. Daher hielt er sein System irrtümlich für *das* System schlechthin. Er ignorierte, dass seine Mitarbeiter sich in anderen Systemen bewegen.

Gehen Sie vorsichtshalber davon aus, dass Ihr System nicht das System der anderen ist, und suchen Sie vorbeugend nach lauernden Systemkonflikten.

Systemische Motivation

Aus der Systempanne des Vertriebsleiters können Sie etwas über Motivation erfahren. Einen Menschen mit Systemkonflikt können Sie nicht motivieren! Denn Motivation versagt gegen ein System. Wenn ein System stärker ist als Ihre Weisungsgewalt, dann ist es auch stärker als die stärkste Motivation. Sie können einen Verkäufer, der sein Kind vom Kinderhort abholen will, eben nicht mit einem

Bonus motivieren. Das löst nicht seinen Systemkonflikt. Das System schlägt den Bonus. Wenn Sie wollen, dass er sich bewegt, helfen Sie ihm, seinen Systemkonflikt zu lösen oder wenigstens einen Systemkonsens zu finden.

Im vorliegenden Fall wurde der Vertriebsleiter nach seinem Schaden klug: Mit den Familienvätern wurden andere, aber äquivalente Standards of Performance vereinbart als mit den Singles in der Verkaufsmannschaft. Damit war der Systemkonflikt beigelegt.

Die Gesetze der Systemik

Egal, mit welchen Systemen Sie sich beschäftigen, Sie werden feststellen, dass alle Systeme mehr oder weniger stark bestimmten Gesetzmäßigkeiten folgen:

- Ein System holt sich immer das, was es braucht.
- Die Bindung hält ein System zusammen.
- In einem System herrscht ein Ausgleich von Geben und Nehmen.
- Systeme sind immer in Bewegung.
- Wer Systemstörungen ignoriert, riskiert Systemschäden.

Betrachten wir diese fünf Systemgesetze im Einzelnen.

Ein System holt sich immer das, was es braucht

Steffens Projektteam hängt hinter dem Zeitplan her. Wann immer er drängt, heißt es: »Das Labor braucht zu lange für die Tests.« Als er externe Laborleistung zukauft, hängt das Projekt noch immer. Jetzt sagt das Team: »Die Sonderfertigung braucht zu lange.« Als Steffen die Sonderfertigung auf Trab bringt, heißt es: »Die Qualitätssicherer halten uns auf!«

Jeder kennt solche Jammerteams. Sie arbeiten weniger als sie jammern. Was auch immer der Vorgesetzte macht, um das Jammern abzustellen: Es hilft nicht wirklich. Warum? Weil er das ultimative Rezept gegen Jammern noch nicht gefunden hat? Nein, weil sich ein System immer holt, was es braucht. In diesem Fall Jammern: Wenn ein System ständig jammert, gehen Sie davon aus, dass es das Jammern braucht.

Warum? Stellen Sie sich die dritte Systemfrage: Fragen Sie nach dem Nutzen. Steffen findet heraus, dass das Team deshalb über andere jammert, weil es dann seine eigenen Fehler nicht abstellen muss. Denn Schuld haben ja immer nur die anderen.

So sehr Sie das Verhalten eines Systems irritiert, gehen Sie davon aus, dass es sich damit exakt das holt, was es braucht.

Manche Systeme brauchen einen Buhmann. Feuert man diesen, hört das System nicht auf mit seinem produktivitätsvernichtenden Verhalten – es sucht sich lediglich einen anderen Buhmann. Meist ist das der Chef, der den ersten Buhmann feuerte. Der Gipfel der Undankbarkeit? Nein, Systemdynamik.

Steffen durchschaut irgendwann die Systemdynamik. Er sagt: »Ja, die Qualitätssicherer schlafen wieder mal. Übrigens, könntet Ihr die B-Tests schon diese Woche fahren?«

Was tut Steffen da? Er lässt seinem System das Jammern über die Buhmänner in der Qualitätssicherung, spricht aber gleichzeitig *vorwurfsfrei* (!) einen der Missstände an, welche das Jammern kaschieren soll. Das schmeckt dem System nicht, es lässt sich nur ungern darauf ein – doch es kommt dabei immerhin mehr heraus, als wenn Steffen versucht hätte, dem System das Jammern wegzunehmen.

Die Bindung hält ein System zusammen

Systeme werden durch ihre Bindung, durch eine Art Teamgeist zusammengehalten. Das Problem dabei ist: Ihre Mitarbeiter (Kollegen, Vorgesetzten, Kunden ...) haben nicht den gleichen Systemgeist wie Sie!

Viele Führungskräfte beschwören immer wieder: »Wir sitzen alle im selben Boot. Wir ziehen alle am selben Strang.« Mag sein – doch jeder in eine andere Richtung. Daher kommen die »Firmen in der Firma«: Der Außendienst bekriegt den Innendienst, eben weil er sich nicht so sehr ans Unternehmen, sondern in erster Linie an den Außendienst gebunden fühlt.

Die Mitarbeiter tun nicht oder nur widerwillig, was Sie Ihnen sagen, weil sie sich eben als Mitarbeiter, nicht als Mitunternehmer verstehen. Wenn Systemmitglieder demotiviert reagieren, kann es an Bindungsproblemen liegen: Sie fühlen sich ans »falsche« System gebunden.

Sie können eine bestehende Bindung nicht aufbrechen. Das sagt schon das siebte Systemprinzip: »Gegen ein System können Sie nicht kämpfen. Das System ist immer stärker als der Einzelne.« Sie können Mitarbeiter nicht dazu überreden, sich ans Unternehmen gebunden zu fühlen, wenn sie sich hauptsächlich ans System »Mitarbeiter« gebunden fühlen.

Die Bindung bestimmt, wie ein Systemmitglied sich verhält. Fragen Sie sich: An wen fühlt sich dieses Systemmitglied gebunden? Bekämpfen Sie die Systembindung nicht. Nutzen Sie sie.

Charlotte ist Verkaufsleiterin eines Kosmetikkonzerns. Seit sie die Bindungsprobleme in ihrer Abteilung erkannt hat, sagt sie nicht mehr zu ihrem Innendienst: »Arbeitet endlich vernünftig mit dem Außendienst zusammen! Wir sind doch schließlich bei derselben Firma!« Mit diesem Kampf gegen die Systembindung erreicht sie nichts. Sie kämpft nicht mehr gegen die Bindung, sie benutzt sie. So weist sie den Innendienst zum Beispiel an, jede Außendienstanfrage binnen 24 Stunden zu bearbeiten: Dieses Ziel passt zur Systembindung, denn dieses Ziel ist ein Ziel des Innendienstes. Der Innendienst muss sich nicht mehr mit dem Außendienst »verbrüdern« und damit seine Bindung aufgeben. Für das 24-Stunden-Ziel kann er seine Bindung weiter aufrechterhalten.

In einem System herrscht immer ein Ausgleich von Geben und Nehmen

Viele Führungskräfte führen äußerst druckvoll. Sie machen ihren Mitarbeitern, Lieferanten und den internen Dienstleistern mächtig Druck. Das wirkt auch – kurzfristig. Erst geht die Produktivität nach oben, dann fällt sie senkrecht nach unten. Warum? »Weil ich eben noch mehr Druck machen muss!«, wähnen viele Manager. Inzwischen ahnen Sie, dass eine andere Erklärung eher zutrifft: Das System schlägt zurück. Jedes System sorgt für ein Gleichgewicht von Geben und Nehmen.

Wird dieses Gleichgewicht gestört, sinkt die Leistungsfähigkeit des Systems. Ein typisches Beispiel dafür ist Ihnen sicher bekannt:

> Verlangt ein Vorgesetzter von seinen Mitarbeitern Fortbildung auf Wochenendseminaren ohne Zeitausgleich, monetären Ausgleich oder wenigstens ein Dankeschön, geht das ein- bis zweimal gut. Danach reagieren die Mitarbeiter zunehmend mit Demotivation, Aggressivität und Passivität.

Warum? Weil der Vorgesetzte mehr nimmt, als er gibt. Er bringt sein System aus dem Gleichgewicht. Deshalb reagiert es mit Leistungsstörungen. Ein Beispiel für eine Gleichgewichtsstörung in die entgegengesetzte Richtung:

> Einige Führungskräfte scheuen Konflikte, geben oft nach, lassen Fehler durchgehen oder laufen jeder Mitarbeiterbeschwerde hinterher. Sie geben also mehr, als sie nehmen. Sie glauben, dass sie besonders gut und mitarbeiterorientiert führen, doch das Gegenteil ist der Fall: Die Mitarbeiter werden entweder total passiv, weil der Chef ihnen alles Unangenehme abnimmt und/oder sie werden aggressiv und nörgeln umso heftiger, je nachgiebiger der Chef ist – wer alles kriegt und sich nicht mehr anstrengen muss, dessen Selbstachtung sinkt, sodass er sie mit Nörgeln wieder zu heben trachtet.

In beiden Beispielen reagiert das System mit Leistungsverlusten, weil das Gleichgewicht zwischen Geben und Nehmen gestört wurde.

Checkliste: Geben und Nehmen

- ☐ Achten Sie in Systemen in jeder Hinsicht auf ein Gleichgewicht zwischen Geben und Nehmen.
- ☐ Wenn Sie etwas von Systemmitgliedern (Mitarbeitern, Vorgesetzten, Kunden, Kollegen ...) haben möchten, geben Sie ihnen im Austausch etwas Gleichwertiges.
- ☐ Sie brauchen es nicht *sofort* zu geben.
- ☐ Halten Sie lediglich auf absehbare Zeit das Konto ausgeglichen.
- ☐ Ein Ausgleich ist, was als Ausgleich akzeptiert wird.
- ☐ Junge Führungskräfte denken beim Ausgleich oft nur ans Geld – das ist zu kurzsichtig.
- ☐ Als Ausgleich werden auch zusätzliche freie Zeit, Vergünstigungen, Sonderrechte oder schlicht Anerkennung akzeptiert.
- ☐ Oft wird der nicht-monetäre Ausgleich von Systemelementen höher bewertet als Geld allein.

Daraus folgt: Führen ist eine Austauschbeziehung, die wie alle Austauschbeziehungen den Marktgesetzen gehorcht. Sobald das Angebot größer als die Nachfrage oder die Nachfrage größer als das Angebot ist, ist das Gleichgewicht gestört: Es kommt zu Anpassungsbewegungen, die ein Anbieter nicht mehr kontrollieren kann. Führung funktioniert am besten, wenn der Markt im Gleichgewicht ist. Ist Ihr Führungsmarkt im Gleichgewicht? Solange Ihre Mitarbeiter nicht das tun, was Sie von ihnen erwarten, ist er das offenbar nicht.

Systeme sind immer in Bewegung

Viele Führungskräfte reagieren oft ungehalten: »Was ist denn jetzt schon wieder los? Erst letzte Woche hatten wir doch die große Aussprache, und jetzt gibt es schon wieder Krach an der Basis?« Viele Manager glauben, dass ein gutes System ein ruhiges System ist. Das ist ein Irrtum.

Das Gegenteil trifft zu: Ein ruhiges System ist ein totes System. Sollte eines Ihrer Systeme in letzter Zeit auffällig ruhig sein, schauen Sie schnell nach, ob es überhaupt noch Lebenszeichen zeigt oder sich bereits die meisten Mitglieder innerlich aus dem System verabschiedet haben.

Ein System weist immer eine Systemdynamik auf – beklagen Sie diese nicht, rechnen Sie damit. Eine Ruhephase im System ist nur von kurzer Dauer – wenn das System gesund ist. Versuchen Sie also nicht, ein System »ein für alle Mal in Ordnung zu bringen«. Damit legen Sie ein System an die Kette (manche halten das für eine gute Idee). Konzentrieren Sie sich darauf, ein System mit möglichst wenigen, Zeit sparenden und ökonomischen Steuerbewegungen auf Kurs zu halten.

Ein gutes System ist kein ruhiges Sytem. Ein gesundes System befindet sich nicht in einem statischen Zustand, sondern in einem dynamischen Prozess.

Wer diese Dynamik nicht aushält, hat ein Führungsproblem und sollte seine systemische Kompetenz auffrischen.

Wer Systemstörungen ignoriert, riskiert Systemschäden

Viele Manager tendieren dazu, Konflikte in Systemen sich selbst zu überlassen: »Das renkt sich schon von selbst wieder ein.« Dank Pareto wissen wir jedoch: **20 Prozent der Konflikte machen 80 Prozent der Systemschäden aus.**

Wer Konflikte generell sich selbst überlässt, geht ein hohes Risiko ein. Zwar sind nur zwei von acht Konflikten so genannte Systemkiller – doch schlägt so ein Killer dann einmal zu, ist der Schaden groß. Die Kunst besteht darin, Bagatellkonflikte von Systemkillern zu unterscheiden.

Fragen Sie sich bei jedem Konflikt: Kann die Selbstheilungskraft des Systems diesen Konflikt lösen oder liegt ein Systemkiller vor?

Führen mit System

Auf den ersten Blick erscheint systemisches Führen ungewohnt. Genau das ist es auch: Es ist weder schwierig, noch schwer. Es ist einfach nur ungewohnt. Doch bald schon werden Sie bemerken: Systemisches Führen fällt Ihnen mit etwas Übung nicht nur immer leichter, es macht auch Spaß und bringt vor allem von der ersten Minute an Erfolg. Und:

> ! Systemisches Führen spart Zeit, weil es Arbeit und Ärger spart.

Das liegt auf der Hand: Funktionieren Systeme richtig, machen sie am wenigsten Arbeit. Richten Sie Ihre Antennen auf Ihre Systeme aus. Sie werden bemerken, dass diese simple Maßnahme meist schon ausreicht, um sich einen systemischen Führungsstil anzueignen.

Das Kapitel auf einen Blick: Systemisch führen

- Ihre Ideen, Ziele und Ambitionen sind wichtig; wichtiger sind die Systeme in Ihrem Umfeld!
- Schärfen Sie Ihren Systemblick. Machen Sie es sich zur Gewohnheit zu fragen: Was machen die Systeme?
- Stellen Sie sich regelmäßig die vier Systemfragen:
  - Welche Mitglieder sind im System vorhanden?
  - Wie reagiert das System auf mein Handeln?
  - Welche Gründe haben die Systemmitglieder für ihr Handeln?
  - Wie sollte mein Handeln aussehen, damit das System in meinem Sinne reagiert?
- Beachten Sie die Systemgesetze:
  - Jedes System holt sich immer das, was es braucht.
  - Die Bindung hält ein System zusammen.
  - In einem System herrscht immer ein Ausgleich von Geben und Nehmen.
  - Systeme sind immer in Bewegung.
  - Wer Systemstörungen ignoriert, riskiert Systemschäden.

Viele Führungskräfte überschätzen ihre Führungskompetenz

Führungskompetenz realistisch einschätzen

Wer in eine Führungsposition aufsteigt, freut sich in der Regel: Endlich kann man selbst bestimmen, wo es langgeht! Schließlich hat man die Arbeit, der man nun vorsteht, jahrelang selbst gemacht. Die nötige Fachkompetenz ist zweifellos vorhanden. Deshalb ist der frisch Beförderte zuversichtlich: »Ich kenne mich in der Materie aus. Ich kann alle Probleme in meinem Führungsfeld lösen!« Oft tritt aber genau das Gegenteil ein:

- Viele Mitarbeiter lehnen die Fachkompetenz des neuen Vorgesetzten ab, weil sie sich selbst als fachkompetenter erachten.
- Sie wollen selbst bestimmen, wie sie ihre Arbeit machen. Sie wollen sich nicht »reinreden« lassen.
- Die Kompetenz des Chefs macht einigen Mitarbeitern Angst: Sie messen sich an seiner überragenden Fachkompetenz und fühlen sich dadurch unter Druck gesetzt.
- Andere Mitarbeiter wiederum werden passiv und denken nicht mehr mit, weil: »Der Chef weiß doch eh' alles besser!«
- Einige Mitarbeiter lassen den Chef auflaufen ihn, um zu zeigen, dass er eben nicht so fachkompetent ist, wie er meint.

Das überrascht viele neue Führungskräfte: Zeigt der Chef seine Fachkompetenz, nehmen ihm das viele Mitarbeiter übel!

Die überschätzte Fachkompetenz

Die meisten frisch Beförderten sind erstaunt, dass ihre Fachkompetenz bei der neuen Führungsaufgabe plötzlich nichts mehr wert zu sein scheint. Sie erleben: Fachkompetenz ist nicht der erhoffte Vorteil, sondern eher ein Nachteil für die Führungsposition! Wie kommt es zu dieser Situation? Durch einen simplen Irrtum: Die meisten Führungskräfte glauben, weil sie fachkompetent sind, seien sie auch führungskompetent. Wie kommen sie zu diesem Irrtum? Gegenfrage: Was ist das Wichtigste im Beruf, *bevor* man Führungskraft wird? Logisch: dass man fachkompetent ist.

Weil *vor* der Beförderung Fachkompetenz entscheidend ist, glauben viele junge Führungskräfte unwillkürlich, dass Fachkompetenz auch *nach* der Beförderung entscheidend ist.

Das betriebliche Umfeld glaubt das Gegenteil. So sagen beispielsweise viele Kollegen und Mitarbeiter in einem österreichischen Konsumgüter-Unternehmen über den vor kurzem zum Verkaufsleiter beförderten Spitzenverkäufer: »Der Typ ist leicht größenwahnsinnig. Ein guter Verkäufer ist doch noch lange kein guter Verkaufsleiter!«

Die Folgen für die Führungskraft

Neue Führungskräfte merken recht schnell, dass ihre Fachkompetenz nicht besonders hilfreich, oft sogar hinderlich in der neuen Funktion ist. Viele fühlen sich deshalb schon kurz nach ihrem Einstand inkompetent und bedeutungslos. Teilnehmer auf Seminaren und Coachings sagen immer wieder: »Warum bin ich überhaupt Vorgesetzter, wenn meine Fachkompetenz offensichtlich nichts bewegen kann?«

Sie fühlen sich isoliert: Ihre Mitarbeiter zeigen ihnen manchmal deutlich die kalte Schulter, und nicht einmal ihr eigener Vorgesetzter versteht sie. Sie fühlen sich unwohl im neuen Job. Dieses Gefühl reicht bis in die Identitätskrise hinein: Bislang haben sie sich über ihre Fachkompetenz identifiziert. Sie waren gute Elektriker, kompetente Ingenieure, kreative Grafikerinnen ... Jetzt ist die Fachkompetenz, aus der sie ihre Bestätigung zogen, nicht mehr viel wert – damit ist auch ihrem Identitätsgefühl die Grundlage entzogen.

Führen ist ein neuer Beruf

Solange Sie in Ihrer neuen Funktion weiterhin hauptsächlich auf Ihre Fachkompetenz bauen, werden Sie auch weiterhin Probleme mit Ihrer eigentlichen Aufgabe haben. Oder wie der österreichische Vorgesetzte seinem frisch gebackenen Verkaufsleiter rät: »Herr Müller, falls Sie es noch nicht bemerkt haben: Es ist seit drei Monaten nicht mehr Ihr Job, herausragend zu verkaufen, sondern dafür zu sorgen, dass Ihre Mitarbeiter herausragend verkaufen!« Damit trifft er den Nagel auf den Kopf: **Führen ist ein neuer Beruf.**

Selbst wenn Sie vom Verkäufer zum Verkaufsleiter, vom Monteur zum Montageleiter, vom Marketingmanager zum Marketingleiter wechseln, also innerhalb Ihres Fachgebietes bleiben: Das ist trotzdem eine vollkommen andere Tätigkeit! Diese Erkenntnis fällt vielen jungen Führungskräften schwer. Sie können den alten Job nicht loslassen. Kein Wunder, denn schließlich haben sie sich jahrelang über diesen alten Beruf definiert. Doch jetzt plötzlich zählen ganz andere Dinge: Nicht machen, sondern machen lassen. Nicht ausführen, sondern führen.

! Im Führungsalltag kommt es zu 20 Prozent auf Fachkompetenz und zu 80 Prozent auf Führungskompetenz an.

Führungskompetenz können Sie erwerben. Dafür ist zunächst einmal nicht viel mehr nötig als ein Entschluss, eine bewusste Rollenveränderung: Legen Sie sich ein erweitertes Rollenverständnis zu. Sie sind seit Ihrer Beförderung nicht nur ... (was immer vorher Ihr Beruf war), sondern vor allem Führungskraft. Dieses erweiterte Rollenverständnis ist der erste Schritt in Richtung Führungskompetenz. Erweitern Sie Ihr Rollenverständnis nach folgendem Muster: Bislang waren Sie Fachexperte. Werden Sie nun zusätzlich Führungsexperte!

Erst wenn Sie beides miteinander verbinden, wird Führung daraus. Wie erwerben Sie die nötige Führungskompetenz? Indem Sie drei Schritte tun:

- Erweitern Sie Ihr Rollenverständnis.
- Legen Sie sich Führungskompetenz in 20 Punkten zu.
- Besorgen Sie sich das Handwerkszeug für Führungskräfte.

Den ersten Schritt haben Sie bereits getan. Wichtig ist, dass Sie sich in den nächsten Wochen und Monaten dieses neue Rollenverständnis immer wieder vergegenwärtigen. Sobald Ihr neues Rollenverständnis gefestigt ist, sind Sie bereit für den nächsten Schritt.

20 Punkte Führungskompetenz

Was Fachkompetenz ist, wissen Sie. Sie haben genug davon. Doch was genau ist Führungskompetenz? Sie können das sehen. Sie brauchen dazu nur eine erfolgreiche Führungskraft bei der Arbeit zu beobachten. Dabei wird Ihnen auffallen: Führungskompetenz ist deutlich sichtbar! Ins Auge fallen insbesondere 20 Punkte.

INFO

20 Punkte Führungskompetenz

- **Eine besonders erfolgreiche Führungskraft weiß heute schon, wo sie in fünf Jahren mit ihrem Führungsbereich stehen will.** Wissen Sie das auch? Sie müssen das nicht aus dem Stand wissen. Arbeiten Sie eine Vision aus.
- **Sie sucht aktiv neue und größere Verantwortung**, packt von sich aus neue Ideen, Herausforderungen und Projekte an und wartet nicht, bis sie gefragt wird. Welche neuen Herausforderungen haben Sie im Auge?
- **Sie hat Unternehmergeist**, führt also nicht nur die Vorgaben aus, die von oben kommen, sondern identifiziert sich mit diesen Zielen. Können Sie sich mit den Zielen Ihres Unternehmens grundsätzlich identifizieren? Wenn nicht: Arbeiten Sie daran. Innere Einstellungen kommen nicht von allein.
- **Eine solche Führungskraft ist risikobereit.** Das heißt, geht Risiken ein, wenn diese sich lohnen. Welches Risiko haben Sie in letzter Zeit gescheut und warum?
- **Sie hat keine Angst, Fehler zu machen**, weil sie Fehler als Feedback, nicht als Versagen betrachtet. Es kommt nicht darauf an, dass man Fehler macht, sondern was man daraus lernt. Was haben Sie aus Ihrem letzten Fehler gelernt? Wenn nötig, ändern Sie Ihre Einstellung zu Fehlern. Ein Coach kann dabei hilfreich sein.
- **Sie ist Vorbild** und praktiziert das, was sie von anderen verlangt. Wer zum Beispiel Disziplin von seinen Mitarbeitern verlangt, kommt selbst pünktlich zu Meetings. In welchen Dingen sind Sie Ihren Mitarbeitern Vorbild? Wo noch nicht?
- **Sie kann sich selbst motivieren** – sie wartet nicht darauf, dass der Chef das tut. Sie kennt die eigenen Motivatoren. Kennen Sie Ihre? Was begeistert Sie bei der Arbeit? Wie können Sie sich so viel davon verschaffen, dass Sie motiviert sind? Sie finden das sicher nicht in fünf Minuten heraus. Motivforschung in eigener Sache ist aktive Eigenwahrnehmung. Üben Sie sich darin.

INFO

- **Sie ist konfliktbereit**, geht Konflikten nicht aus dem Weg, sondern kann mit ihnen umgehen. Wie viele Konflikte haben Sie in der letzten Woche geklärt? Jede Zahl unter drei deutet auf eine Tendenz zur Konfliktvermeidung hin. Arbeiten Sie an Ihrer Konfliktkompetenz.
- **Sie hat Spaß an der Kommunikation**, hat keine Angst, Feedback zu geben und zu bekommen, sieht Kommunikation als Werkzeug der Führung, nicht als Mittel der Selbstdarstellung (!) und kennt die Wirkungsprinzipien der Kommunikation. Für wie kommunikativ halten Sie Ihr Chef, Ihre Mitarbeiter, Ihre Kunden, Kollegen und Geschäftspartner? Reicht das? Wenn nicht, arbeiten Sie daran.
- **Eine erfolgreiche Führungskraft ist belastbar** und geht unter Stress nicht in die Knie, sondern kann mit Druck umgehen, das heißt ihn umgehen oder annehmen, verteilen oder delegieren. Was hat Sie in letzter Zeit unter Druck gesetzt? Wie sind Sie damit umgegangen?
- **Sie jammert wenig.** Sie klagt weniger, löst mehr. Wann haben Sie das letzte Problem gelöst? Die richtige Antwort: vor ... Minuten.
- **Sie sorgt für sich.** Sie sorgt für die eigene Gesundheit, das Wohlbefinden, die privaten Beziehungen, die eigene Freizeit und sozialen Kontakte (Work-Life Balancing). Was haben Sie heute für sich selbst getan?
- **Sie hat keine Angst vor Macht** und davor, Macht bei Bedarf auch einzusetzen. Wie stehen Sie zu Ihrer Macht?
- **Sie hat keine Angst, Entscheidungen zu treffen**, auch wenn diese unpopulär sind. Wie viele Entscheidungen haben Sie gestern getroffen? Jede Zahl unter zehn deutet auf eine Entscheidungshemmung hin.
- **Sie zeigt Empathie**, das heißt, will und kann sich in andere hineinversetzen. Wie zeigen Sie Ihre Empathie?
- **Sie betrachtet Mitarbeiter nicht als Untergebene**, sondern als Mit-Arbeiter. Was denken Sie über Ihre Mitarbeiter? Welche konkreten Vorurteile über sie sollten Sie ausräumen?
- **Sie kennt ihre Werte.** Welche Werte haben Sie? Welche fünf Werte nutzen Ihnen bei der Führung am meisten?
- **Sie teilt Erfolge mit den eigenen Mitarbeitern und gibt Erfolge von Mitarbeitern nicht als eigene aus.** Welchen Erfolg haben Sie mit Ihren Mitarbeitern zuletzt geteilt?
- **Sie zeigt Anerkennung**, wem Anerkennung gebührt. Wie oft haben Sie heute schon eine konkrete Leistung mit einer anerkennenden Bemerkung quittiert? Jede Zahl kleiner als fünf ist ein Hinweis auf mangelnde Feedback-Kompetenz.
- **Sie ist fair** und behandelt keine Mitarbeiter bevorzugt oder benachteiligt. Stehen Sie einem bestimmten Mitarbeiter besonders nahe? Welcher ist Ihnen besonders unsympathisch? Hat das Auswirkungen auf Ihr Führungsverhalten?

Der Führungs-TÜV

Wie fit sind Sie in Sachen Führung? Welche der obigen 20 Erfolgskriterien erfüllen Sie bereits? Diese 20 Kriterien für Führungskompetenz sind recht einleuchtend. Kein Einziges wird Ihnen neu sein. Doch darauf kommt es nicht an. Worauf es ankommt: Haben Sie den TÜV-Test bestanden? Haben Sie schon einmal Ihre Führungskompetenz von Punkt 1 bis 20 durchgecheckt? Wenn nicht, dann tun Sie es jetzt.

> Checken Sie Punkt für Punkt durch und markieren Sie jene Punkte, die Sie an sich verbessern möchten.

Danach priorisieren Sie Ihre persönliche TÜV-Liste. Setzen Sie zuoberst jenen markierten Punkt, den Sie am dringlichsten verbessern möchten. Den am wenigsten dringlichen setzen Sie an letzter Stelle. Fassen Sie für die priorisierten Punkte jeweils smarte Ziele (s. S. 77 ff. »Führen mit Zielvereinbarungen«) und überlegen Sie sich konkrete Maßnahmen zur Erreichung Ihrer Ziele.

Sie werden feststellen: Für einige der 20 Kompetenzpunkte müssen Sie lediglich über die gestellten Fragen nachdenken und die Antworten in die Tat umsetzen. Bei einigen anderen benötigen Sie Unterstützung in Form von Training, Coaching oder Mentoring. Je länger Sie sich mit der TÜV-Liste beschäftigen, desto vollständiger werden Ihre Fähigkeiten – bis Sie schließlich in allen 20 Punkten kompetent sind.

Mit etwas Disziplin ist das in ungefähr einem halben Jahr möglich – obwohl man natürlich nie perfekt ist. Tatsächlich ist es ein Kennzeichen von besonders erfolgreichen Führungskräften, dass sie ständig an ihrer Kompetenz für die 20 Erfolgskriterien arbeiten und immer noch ein bisschen verantwortungsvoller, noch kommunikativer, noch … werden wollen. So verhalten sich echte Führungsprofis.

Das Kapitel auf einen Blick: Der Weg zum Führungsexperten

- Erweitern Sie ganz bewusst Ihr Rollenverständnis: Bislang waren Sie Fachexperte – jetzt wollen Sie auch zum Führungsexperten werden!
- Gehen Sie am besten wöchentlich den Führungs-TÜV mit seinen 20 Checkpunkten durch und priorisieren Sie Ihren Trainingsbedarf, der sich daraus ergibt.

Handwerkszeug für Führungskräfte

Sie haben bislang zwei Komponenten für die Führungskompetenz kennen gelernt:

- ein neues Rollenverständnis mit 20 Prozent Fach-, 80 Prozent Führungskompetenz sowie
- Führungs-Fitness in 20 Punkten.

Jetzt lernen Sie die dritte Komponente kennen: Ihr Handwerkszeug, Ihre Führungsinstrumente. Es gibt zwar unzählig viele Führungsinstrumente. Doch wir picken an dieser Stelle nur jene fünf heraus, die Sie unbedingt brauchen:

- Führen mit Zielvereinbarungen,
- Zielkontrolle,
- Delegation,
- Mitarbeitergespräch,
- Mitarbeiterauswahl.

Die teilweise vorhandene Selbstüberschätzung im Management zeigt sich auch daran, dass viele frisch Beförderte meinen: »Wozu brauche ich extra Führungsinstrumente? Das muss doch auch so gehen!« Würden Sie eine Wurzelbehandlung bei einem Zahnarzt machen lassen, der keine Narkoseinstrumente einsetzt, weil »das auch so gehen muss«? Würden Sie in Ihrem gelernten Job als Ingenieur, Facharbeiter, Verkäuferin ... auf Ihre bewährten Instrumente verzichten wollen? Niemals. Ohne Handwerkszeug geht es nicht.

Jeder Beruf braucht sein Handwerkszeug. Wie gut jemand wirklich ist, erkennen Sie untrüglich daran, wie gut er sein Handwerkszeug beherrscht. Das betriebliche Umfeld bemerkt es immer, wenn ein frisch Beförderter seine Führungsinstrumente nicht beherrscht, also zum Beispiel nicht delegieren, nicht mit Feedback umgehen kann oder häufig die falschen Mitarbeiter einstellt. Eben dafür brauchen Sie Führungsinstrumente. Mit den richtigen Führungsinstrumenten geht Führen leichter, schneller und erfolgreicher. Und: Sie machen weniger Fehler in den kritischen hundert ersten Tagen! Betrachten wir daher zunächst die wichtigsten fünf Instrumente für frisch Beförderte.

Führen mit Zielvereinbarungen

Sie werden daran gemessen, wie Ihre Mitarbeiter die gesetzten Ziele erreichen. Viele frisch Beförderte haben in diesem Punkt ein Problem: Die Mitarbeiter bleiben hinter den Zielen zurück, weshalb der Vorgesetzte der neuen Führungskraft Druck macht. Wer ist schuld an dem Problem? Natürlich die »passiven und lustlosen Mitarbeiter«! Denn: »Ich habe denen schon hundertmal gesagt, dass wir im Bereich X mehr Umsatz brauchen!« Nach diesem Muster werden die meisten Ziele vorgegeben:

- »Herr Meier, Ihre Verkaufsleistung muss besser werden!«
- »Machen Sie mir mal ein Spreadsheet zu Produkt Y!«

Man muss kein Hellseher sein, um vorherzusagen, dass Herr Meier sein Verkaufsziel nicht erreicht und das Spreadsheet nicht den Erwartungen des Vorgesetzten entspricht. Warum nicht? Weil die Mitarbeiter dumm und passiv sind? Nein:

> Wird ein Ziel nicht erreicht, liegt es selten am Mitarbeiter und häufiger an der Zielvorgabe.

Herr Meier hat nämlich keine Ahnung, worin denn genau seine Verkaufsleistung besser werden soll. Leistung gemessen am Umsatz? Am Deckungsbeitrag? An der Reklamationsquote? Oder an der Neukundenakquise? Wird ein Ziel verfehlt, liegt es meist an der Zielformulierung.

Die meisten Ziele sind zu ungenau formuliert, als dass sie erreicht werden können. Formulieren Sie Ihre Ziele s.m.a.r.t. Ziele, die nach dem bekannten S.M.A.R.T.-Schema formuliert sind, werden mit höchster Wahrscheinlichkeit erreicht, weil sie

S spezifisch, also konkret formuliert sind,
M messbar sind,
A attraktiv formuliert werden,
R realistisch zu erreichen sind,
T terminiert sind.

Weil dieses smarte Schema neuen Führungskräften bei der Umsetzung in der Praxis häufig schwer fällt, spielen wir es an einem der vorangegangenen Beispiele durch: »Wir brauchen im Bereich X mehr Umsatz!« Smart formuliert, könnte das so aussehen:

S wie spezifisch: »Der Umsatz aller Produkte in Bereich X muss nach Abzug aller Rabatte, Skonti und Boni steigen.«
M wie messbar: »Er muss um sieben Prozent steigen.«
A wie attraktiv: »Schaffen wir das, ist unser ... (zum Beispiel Jahresbonus) gesichert.« Merke: Nutzen ist attraktiv! Nutzen für die Mitarbeiter, nicht für Sie!
R wie realistisch: »Unsere Marktforschung prognostiziert beträchtliche Ersatzinvestitionen unserer Kunden – also sind die sieben Prozent machbar.«
T wie terminiert: »Wir müssen das Ziel bis zum 31. Dezember (Endtermin) erreichen. Das heißt: Jeden Monatsumsatz (zwölf Zwischentermine) sollten wir um vier bis sieben Prozent steigern!«

Schon beim Durchlesen bemerken Sie die Sogwirkung, die sich entwickelt: Dieses Ziel motiviert! Jedenfalls wird dieses Ziel weitaus wahrscheinlicher erreicht als das Ziel »Wir brauchen mehr Umsatz!«

Viele Jungmanager wenden darauf ein: »Aber meine Mitarbeiter wissen doch, was ich von ihnen erwarte.« Das ist eine Annahme, keine Tatsache. Tatsache ist, dass sie es nicht wissen – sonst würden sie Ihre Ziele erreichen. Außerdem finden Sie ganz leicht heraus, ob Ihre Mitarbeiter ihre Ziele kennen: Fragen Sie sie nach konkreten Einzelheiten der vorgegebenen Ziele. Sie werden erschüttert sein, wie wenig viele Mitarbeiter über ihre Ziele wissen.

! Ziele werden häufig allein dadurch schon eher erreicht, dass man sie anders formuliert.

So einfach kann Führung sein. Welche Arbeitsziele haben Sie Ihren Mitarbeitern in der letzten Woche gegeben? Formulieren Sie diese jetzt in smarter Form. Sehen Sie den Unterschied? Allein schon durch diese kleine Übung steigt Ihre Zielkompetenz beträchtlich.

Vereinbarte Ziele werden erreicht

Ziele werden also schon dadurch zuverlässiger und schneller erreicht, dass Sie sie smart formulieren. Sie werden noch eher erreicht, wenn Sie die Ziele mit Ihren Mitarbeitern vereinbaren und nicht nur vorgeben.

Sie kennen den Unterschied aus der Praxis. Wenn Sie einem Mitarbeiter sagen: »Tu dies und das!« (Vorgabe) tut er das meist halbherzig, mit angezogener Handbremse und wenig ansprechendem Resultat. Warum? Weil das Ziel zu hoch ist? Nein, es liegt nicht am Ziel, sondern an der Zielvorgabe: Wer Ziele vorgibt, be- oder verhindert Motivation, Kreativität und Engagement.

Eine Zielvorgabe ist quasi ein Befehl, der Gehorsam verlangt, dabei aber leider auch Motivation verhindert. Eine Zielvereinbarung dagegen verlangt einen mitdenkenden Mitarbeiter. Die Frage ist: Was brauchen Sie? Reichen für Ihre Aufgaben gehorsame Mitarbeiter ohne ausreichendes Commitment? Oder brauchen Sie mitdenkende Mitarbeiter? Dann brauchen Sie die Zielvereinbarung.

INFO

Das Zielvereinbarungsgespräch im Überblick

- Ziele kann man nicht zwischen Tür und Angel vereinbaren. Vereinbaren Sie einen Gesprächstermin.
- Thematisieren Sie die Zielrichtung:, »Wir brauchen mehr ...«, und fragen Sie den Mitarbeiter nach seiner Zielvorstellung: »Was glauben Sie, wie viel mehr können Sie schaffen?« Allein durch diesen Schritt schon steigt sein Commitment enorm: Wer gefragt wird, wird motiviert.
- Falls Sie eine höhere Zielvorstellung als der Mitarbeiter haben, fragen Sie: »Unter welchen Bedingungen halten Sie eine Steigerung auf ... für möglich?« Notieren Sie die gewünschten Bedingungen.
- Verhandeln Sie den Kompromiss: Der Mitarbeiter geht mit seinen Bedingungen runter, während Sie mit Ihrer Zielvorstellung runtergehen.
- Den Konsens, den Sie dabei erzielen, verfolgt der Mitarbeiter mit höchstmöglicher Motivation – weil es *sein* Konsens ist; das Gegenteil einer Vorgabe, bei der er überhaupt keinen Einfluss hat.
- Vereinbaren Sie Zwischentermine (s. S. 80 f.).
- Halten Sie die Vereinbarung in allen wesentlichen Punkten schriftlich fest – sonst können Sie die Zielerreichung nicht kontrollieren!

Führen mit Zielvereinbarungen gilt derzeit als eines der wirksamsten Führungsinstrumente überhaupt. Warum? Weil seine Zielerreichungsquoten exorbitant hoch sind. Dieses sehr potente Führungsinstrument stellt hohe Anforderungen an Führungskräfte. Ein Training oder Coaching empfiehlt sich daher. Vor allem, um die auftauchenden Ängste und Fragen von Mitarbeitern behandeln zu können.

Zielkontrolle: Zwischentermine setzen

Gerade vielen frisch Beförderten scheint das Führungsinstrument der Zielkontrolle weitgehend unbekannt.

So vereinbarte ein neuer Gruppenleiter im Montagsmeeting mit einem Gruppenmitglied: »Bis Ende der Woche brauche ich die Quartalszahlen!«

Wo waren die Quartalszahlen am Freitag? Nirgendwo in Sicht. Fauler Mitarbeiter? Nein. Zwar hat zweifelsfrei der Mitarbeiter seine Arbeit nicht gemacht – doch die Führungskraft hat ihre Führungsaufgabe ebenfalls nicht wahrgenommen: **Keine Zielvereinbarung ohne Zielkontrolle.**

In unserem Beispiel gab es keine Zielkontrolle: Bis zum Zieltermin hat der frisch gebackene Gruppenleiter kein einziges Mal kontrolliert, wie weit der Mitarbeiter mit dem verlangten Zahlenwerk ist! Und dann wundert er sich, dass der Mitarbeiter das Ziel nicht erreicht. Als Führungskraft sollte man wissen, wie Kontrolle funktioniert: **Kontrolle = Zwischentermine.**

Ohne Kontrolle werden Ziele selten erreicht. Mit Kontrolle werden Ziele immer erreicht. Kontrolle steigert Effektivität und Effizienz und damit letztendlich Ihren Erfolg. Übrigens: Kontrolle heißt nicht, den Big Boss herauszukehren. Wenn Sie Kontrolle in der eben beschriebenen Form durchführen, fühlen sich Mitarbeiter nicht kontrolliert, sondern unterstützt, motiviert und orientiert. Kontrollierte Mitarbeiter arbeiten gut. Gute Kontrolle motiviert!

Checkliste: Wirksame Zielkontrolle

- [ ] Vereinbaren Sie bereits im Zielvereinbarungsgespräch Zwischentermine, an denen Sie den Fortschritt der Zielverfolgung kontrollieren.
- [ ] Vermeiden Sie dabei jedoch das Wort »kontrollieren«. Bessere Wortwahl: »Können wir jeweils montags um 9 Uhr über den Fortgang Ihrer Arbeit sprechen?«
- [ ] Vereinbaren Sie die Kontrollkriterien: »Es reicht mir völlig, wenn Sie mir bei diesen Zwischenterminen die erledigten und die im Verzug befindlichen Arbeitspakete auflisten.«
- [ ] Setzen Sie die Zwischentermine nicht zu weit (in einer Woche kann viel passieren!) und nicht zu eng (zu viele Kontrolltermine werden als Gängelei empfunden).
- [ ] Bei Zielen, die in wenigen Wochen erreicht werden sollen, reicht wöchentliche Kontrolle. In der Endphase oder in heißen Phasen jeden zweiten Tag oder täglich.
- [ ] Bei Zielen, die über Monate laufen, reicht monatliche Kontrolle; in End- oder heißen Phasen wieder jeden zweiten Tag oder täglich.
- [ ] Wenn möglich, gleichen Sie die Zwischentermine an die natürlichen Phasen einer gestellten Aufgabe an.
- [ ] Legen Sie sich die Zwischentermine auf Wiedervorlage.
- [ ] Vereinbaren Sie unbedingt mit dem Mitarbeiter: »Egal wann der nächste Zwischentermin ist – kommen Sie auf jeden Fall sofort zu mir, wenn Sie ein auftauchendes Problem nicht aus eigener Kraft lösen können. Ich helfe Ihnen weiter!« Das ist immer noch besser, als irgendwann zu erfahren, dass es schon seit Tagen massive Probleme gibt ...

Delegation: Wer macht was?

Beobachten wir eine Szene aus einem typischen Meeting. Der eben beförderte Supportleiter sagt zu seinen Mitarbeitern: »Wir müssen uns unbedingt um das B2B-Segment kümmern!« Alle Mitarbeiter nicken heftigst Zustimmung. Was wird gemacht? Nichts. Wer kümmert sich darum? Keiner. Warum? Weil hier keine Delegation erfolgte! Es ist haarsträubend, doch der Support-Leiter meinte: »Aber ich habe doch klipp und klar gesagt, dass wir bei B2B aktiv werden müssen!« Etwas zu sagen, ohne dabei zu delegieren, reicht leider nicht aus. Wie delegieren Sie so, dass es auch gemacht wird?

INFO

Die W-Delegation

Nur diese funktioniert.

Die W-Delegation zum Einstieg ist die 3-W-Delegation:
1. Wer macht,
2. was,
3. bis wann (inklusive Zwischentermine)?

Die W-Delegation für Fortgeschrittene ist die 5-W-Delegation:
1. Wer macht,
2. was,
3. bis wann (inklusive Zwischentermine),
4. womit (Ressourcen),
5. mit welchen Zielgrößen (messbaren, s. SMART)?

In Projekten empfiehlt sich auch die 7W-Delegation:
1. Wer macht,
2. was,
3. bis wann (inklusive Zwischentermine),
4. wozu (Schnittstellen-Regelung),
5. mit wem (Beteiligte am Arbeitspaket),
6. womit (Ressourcen),
7. mit welchen Zielgrößen (messbaren, s. SMART).

Merken Sie sich: Ohne W's keine Delegation!

Wichtig ist auch, dass Sie delegieren und dies danach protokollieren. Denn andernfalls ist das Risiko groß, dass sich einige Mitarbeiter nicht daran halten. Wenn Sie gerne mehr delegieren wollen, als Sie es bisher tun, finden Sie im ersten Kapitel eine umfangreiche Auflistung der häufigsten Delegationsblockaden und wie Sie diese schnell und einfach überwinden (s. S. 81ff.).

Schauen Sie einen weiteren Trick bei erfolgreichen Führungskräften ab. Diese übernehmen nicht einfach blind Aufgaben. Sie stellen sich vielmehr eine Frage.

!

Stellen Sie sich bei jeder neuen Aufgabe die Frage: Ist das delegierbar? In acht von zehn Fällen lautet die Antwort erfahrener Führungskräfte darauf Ja.

Checkliste: Generell delegierbare Arbeiten

- ☐ Routineaufgaben
- ☐ Recherche
- ☐ Detailaufgaben
- ☐ Entscheidungsvorbereitung
- ☐ Präsentationsmittel gestalten: Folien, Charts ...
- ☐ Alle Arbeiten, die ein Mitarbeiter nach Einarbeitung oder Weiterbildung übernehmen kann
- ☐ Aufgaben nachgeordneter Wichtigkeit

Keine Angst, selbst wenn Sie alles delegieren, was zu delegieren ist: Arbeitslos werden Sie deshalb nicht. Im Gegenteil. Sie können sich endlich um Ihre eigentliche Arbeit kümmern.

Checkliste: Nicht delegierbare Aufgaben

- ☐ Zielvereinbarungen
- ☐ Wichtige, zum Beispiel risikobehaftete Entscheidungen
- ☐ Aufgaben mit vertraulichen Daten
- ☐ Strategische Ausrichtung und Planung
- ☐ Mitarbeiterauswahl und -einsatz
- ☐ Arbeitsplanung
- ☐ Zielplanung

Typische Delegationsfehler

Die meisten Führungskräfte machen am Anfang bei der Delegation viele Fehler. Lernen Sie von den Fehlern anderer.

- **Mangelnde Kontrolle:** Es werden keine oder zu wenig Zwischentermine gesetzt.
- **Falscher Mitarbeiter:** Es wird an den falschen Mitarbeiter delegiert, der zu wenig Fachkenntnis für die Aufgabe hat und überfordert ist.

- Mangelnde Ressourcen: Es wird nicht geprüft, was der Mitarbeiter zur Ausführung seiner delegierten Aufgabe an Ressourcen, Informationen, Budget, Schnittstellenregelungen oder Unterstützung benötigt.
- Falscher Mix: Es werden nur anspruchslose Aufgaben delegiert. Die Mitarbeiter kommen sich wie Handlanger vor und gehen in die innere Kündigung. Tipp: Hin und wieder an kompetente Mitarbeiter auch etwas Anspruchsvolles delegieren.
- »Der Mitarbeiter kann das nicht!« Deshalb wird nicht delegiert – anstatt den Mitarbeiter per Einweisung oder Weiterbildung so weit zu entwickeln, dass man ihm bald delegieren kann.
- Mangelnde Hintergrundinformation: Weshalb? Wofür? Warum? Wer vor der Delegation diese Fragen nicht klärt, demotiviert und bekommt ein schlechtes Ergebnis. Der Mensch braucht einen Sinn, um etwas zu tun.
- Mangelnde Anerkennung: Nach Zielerreichung kriegt der Mitarbeiter meist noch nicht mal ein Dankeschön. »Schließlich wird der Mitarbeiter dafür bezahlt!« Stimmt einerseits. Andererseits demotivieren Sie ihn damit.
- Doppel-Delegation: Man lässt zwei (oder mehr) Mitarbeiter das Gleiche machen und sucht sich danach das beste Ergebnis aus. Gute Idee. Funktioniert leider nur drei-, vielleicht viermal. Danach merken es die Mitarbeiter und sabotieren.
- Rückdelegation: »Chef, wir haben ein Problem!« – »Okay, geben Sie mal her!« Stattdessen: »Machen Sie mir einen Vorschlag, wie Sie es lösen können.« So wehren Sie kalte Rückdelegationen erfolgreich ab.
- Kluft zwischen Kompetenz und Verantwortung: Dem Mitarbeiter wird eine Aufgabe delegiert, für die er voll verantwortlich ist – doch die nötige Entscheidungskompetenz wird ihm nicht gegeben: Ständig muss er zu seinem Vorgesetzten und ihn um Erlaubnis und Entscheidungen bitten. Resultat: schlechte, verspätete Ergebnisse und verärgerte Mitarbeiter. Abhilfe: Wem delegiert wird, sollte die Basics seines Auftrags selbst entscheiden dürfen. Geben Sie einen Entscheidungs- und Kompetenzrahmen vor!
- Oberlehrer-Delegation: Dem Mitarbeiter wird nicht nur das Was? (Ziele) vorgegeben, sondern auch das Wie? (Art und Weise

der Realisierung), sodass er sich mit null Freiraum wie ein Sklave vorkommt und auch so handelt: Dienst nach Vorschrift. Abhilfe: Machen Sie keine Vorschriften – delegieren Sie Ziele. Denn letztendlich zählt nur, was unten dabei rauskommt. Wie das erreicht wird, ist Sache des Mitarbeiters.

- Mach-mal-Delegation: Dem Mitarbeiter wird mit den Worten »Machen Sie mal!« delegiert. Der Mitarbeiter hat keine Ahnung, was von ihm erwartet wird, und liefert prompt unbrauchbare Ergebnisse. Abhilfe: W-Delegation (s. S. 82).
- Split-Delegation: Ein homogenes Arbeitspaket wird in mehrere Pakete aufgespalten und dann einzelnen Mitarbeitern delegiert – ohne dass einer vom anderen weiß! Die Schnittstellenprobleme torpedieren daraufhin die Ergebnisse. Abhilfe: Schnittstellen per Projektplanung sauber regeln!
- Torschluss-Delegation: Viele Führungskräfte delegieren erst dann, wenn sie selbst nicht mehr genügend Zeit für eine Aufgabe haben: »Schnell, Frau Meier, das muss in zwei Stunden fertig sein!« Das ist keine Delegation, sondern eine Panikreaktion. Wenn Sie die Arbeit in zwei Stunden nicht schaffen, schafft sie der Mitarbeiter auch nicht. Sie haben danach zwar einen kommoden Sündenbock, aber kein brauchbares Ergebnis.
- Pfau-Delegation: Der Manager delegiert die Aufgabe, schmückt sich dann mit den Federn des Erfolges selbst. Das funktioniert exakt einmal. Danach wird es schwer werden, einen Mitarbeiter zu finden, der so dumm ist, es mit sich machen zu lassen.

Wann immer Sie delegieren, checken Sie Ihre Delegation anhand obiger Fehler ab und vermeiden Sie diese Fehler. Schon nach wenigen Delegationen haben Sie die kritischen Punkte im Kopf.

Mitarbeitergespräch: Das Bewertungsschema

Manchmal lässt sich ein längeres Gespräch mit einem Mitarbeiter einfach nicht länger aufschieben. In gut geführten Unternehmen ist ein solches Gespräch sogar einmal jährlich vorgeschrieben. Manager sind davon begeistert:

- »Das frisst unheimlich viel Zeit!«
- »Es ist einfach unangenehm, andere bewerten zu müssen.«

Vor allem frisch Beförderte sind oft verunsichert: Sie haben keine Ahnung, wie man so ein Gespräch führt. Meistens hat ihr eigener Vorgesetzte es jahrelang falsch mit ihnen gemacht. In Coachings fragen sie oft völlig genervt: »Was mache ich denn, wenn der Mitarbeiter mir widerspricht? Was, wenn er total uneinsichtig ist?«

Aus dieser Verunsicherung heraus begehen Führungsanfänger die typischen Anfängerfehler:

- Sie vergreifen sich im Ton und greifen den Mitarbeiter im Gespräch persönlich an.
- Sie behandeln ihnen sympathische Mitarbeiter bevorzugt.
- Sie lassen zu viel durchgehen, weil sie nicht wissen, wie man auch unpopuläre Ermahnungen anbringt.
- Sie greifen zu hart durch und kramen jeden kleinsten Fehler hervor, den der Mitarbeiter im Laufe eines Jahres gemacht hat.

Warum das alles? Weil ihnen niemand erklärt hat, wie man so ein Gespräch führt. Dabei ist das nicht einmal kompliziert. Sie brauchen dafür nur wenig. Das Wichtigste davon: **das Bewertungsschema**.

Wenn Sie die Leistung eines Mitarbeiters am Ende eines Zeitraums beurteilen, können Sie das nur anhand von Beurteilungskriterien. Natürlich muss der Mitarbeiter diese vorher kennen! Sonst weiß er nicht, was Sie von ihm erwarten. Also teilen Sie allen Mitarbeitern mit, auf Grund welcher Kriterien sie im Mitarbeitergespräch beurteilt werden. In gut geführten Unternehmen gibt Ihnen die Unternehmensleitung dieses Beurteilungsschema. Arbeiten Sie in keinem gut geführten Unternehmen, stellen Sie sich das Schema selbst zusammen: Was genau erwarten Sie von Ihren Mitarbeitern? Fleiß? Kompetenz? Kundenorientierung? Unternehmerisches Denken? Entwerfen Sie Ihren ganz persönlichen Katalog, der Ihren Zielen im Aufgabengebiet am ehesten gerecht wird.

Aufgepasst: Sobald die Beurteilung Bestandteil der Personalakte wird (das kann sie, das muss sie nicht), muss der Betriebsrat zustimmen!

Übrigens: Nur einmal im Jahr ist die Durchführung des Mitarbeitergesprächs nicht sonderlich sinnvoll, obwohl viele Unternehmen es so vorschreiben. Denn nur einmal im Jahr jemanden grundsätzlich zu motivieren oder ihm zu sagen, wo er sich bessern soll, ist zu wenig. Oder würden Sie sich zutrauen, mit nur einer Trainerstunde im Jahr Golfspielen zu lernen? Sicher nicht. Daher führen erfolgreiche Vorgesetzte das Mitarbeitergespräch zwei- bis dreimal im Jahr, viele sogar Quartalsweise. Außerdem wird das Mitarbeitergespräch auch regelmäßig bei konkreten Anlässen geführt, zum Beispiel als Kritikgespräch oder Entwicklungsgespräch.

Wie sage ich es meinem Mitarbeiter?

Die weitaus größten Hemmungen vor dem Mitarbeitergespräch haben frisch Beförderte bezüglich der Wortwahl: »Was sag ich denn, wenn der Mitarbeiter mir widerspricht oder gar mit dem Betriebsrat droht?« – »Was sage ich, wenn der Mitarbeiter gar nichts einsehen will?«

Wegen dieser Ängste schieben neue Vorgesetzte das nötige Gespräch oft so lange auf, bis es zu spät ist, die Situation eskaliert oder der Mitarbeiter mangels Korrektur schwere Fehler macht. Das ist eine Möglichkeit. Eine andere ist es, das Gespräch einfach so zu führen, dass der Mitarbeiter eben nicht widerspricht oder mit dem Betriebsrat droht. Wie? Das ist gar nicht so schwer:

- Überlegen Sie sich vorab, was Sie sagen möchten – spontane Formulierungen gehen meist daneben.
- Antizipieren Sie: Löst meine Formulierung womöglich Protest aus?
- Welche Formulierung kommuniziert den Sachverhalt, ohne Protest auszulösen?

Der Ton macht die Musik: Sie wissen selbst, welche Formulierungen Widerspruch auslösen. Das sind Vorwürfe, Verallgemeinerungen und persönliche Angriffe. Sie haben so etwas nicht nötig! Man kann das auch vorwurfsfrei kommunizieren. Bleiben Sie sachlich.

Überlegen Sie sich vor allem: Was möchte ich? Rechthaben oder dass der Mitarbeiter sein Verhalten ändert? Danach fällt Ihnen die Wortwahl bedeutend leichter. Dem Mitarbeiter »eine reinwürgen« zu wollen ist zwar ein verständlicher Impuls – aber einer, den Sie mit mächtig Widerstand von Seiten des Mitarbeiters bezahlen.

Sagen Sie also zum Beispiel nicht: »Was fällt Ihnen ein, Kunde X zu sagen, dass wir nie und nimmer vor Ostern liefern können?« Sondern: »Welchen Liefertermin haben Sie Kunde X zugesagt? Aha. Wie hat der Kunde das aufgenommen? Soso. Wäre noch eine andere Lösung denkbar gewesen?« Der Mitarbeiter kommt danach schon selbst darauf, dass er dem Kunden eine andere Lösung hätte präsentieren können.

Checkliste: Widerstandsfreies Mitarbeitergespräch

Lassen Sie Widerstände des Mitarbeiters erst gar nicht aufkommen:

- ☐ **Fallen Sie nicht mit der Tür ins Haus, sondern holen Sie den Mitarbeiter erst einmal ab:** »Wir reden heute darüber, wie das letzte Jahr (Quartal) zu bewerten ist.«
- ☐ **Selbstbeurteilung:** »Wie sind Sie mit Ihrer Leistung selbst zufrieden?« Der Vorteil: Sie erkennen an seiner Selbsteinschätzung sofort potenzielle Widerstandsfallen, in die Sie danach nicht mehr treten können. Außerdem erwartet der Mitarbeiter, dass er kritisiert wird – und jetzt fragen Sie ihn ganz höflich nach seiner Meinung! Das nimmt ihm zunächst den Wind aus den Segeln und zeigt ihm, dass Sie fair sind.
- ☐ **Picken Sie die Punkte heraus, mit denen Sie konform gehen:** »Ich finde wie Sie, dass Sie bei ... große Fortschritte gemacht haben.« Geben Sie hierbei satte Anerkennung. Erstens, weil sie dem Mitarbeiter zusteht. Zweitens, weil Anerkennung Widerstände reduziert.
- ☐ **Nennen Sie die Punkte, mit denen Sie nicht konform gehen. Aber bitte nicht als vorwurfsvolle Sie-Botschaft:** »Sie führen Ihre Kunden immer noch zu lax!« Sondern als vorwurfsfreie Ich-Botschaft: »Ich erwarte von Ihnen, dass Sie alle A-Kunden mindestens einmal wöchentlich kontaktieren.«
- ☐ **Voraussetzungen klären:** »Was können Sie tun, damit Sie das erreichen? Was brauchen Sie dazu?«

Wenn Sie auf Nummer sicher gehen wollen, machen Sie aus den beiden letzten Punkten eine Zielvereinbarung (s. S. 77 ff.).

Wortbomben

Viele frisch Beförderte haben Probleme mit widerspenstigen Mitarbeitern: »Meine Mitarbeiter spuren nicht!« Auch das ist ein stilles Symptom von Selbstüberschätzung: Schuld sind immer nur die anderen. Das heißt nicht, dass eigentlich die Führungskräfte schuld daran sind. Sie wissen lediglich nicht, dass sie im Mitarbeitergespräch oft Wortbomben verwenden.

Checkliste: Vermeiden Sie diese Wortbomben

- [ ] **Generalisierungen:** »Sie kommen immer zu spät!« Sofort widerspricht der Mitarbeiter und bringt drei Ausnahmen, bei denen er ausnahmsweise pünktlich war. Vermeiden Sie generalisierende Begriffe wie immer, ständig, nie, völlig, total ... und nennen Sie einfach drei bis vier konkrete Belege, bei denen kein Widerspruch möglich ist, weil es belegbare Fakten sind.
- [ ] **Abstrakta:** »Ihre Leistung lässt zu wünschen übrig!« »Sie sind nicht kommunikativ genug!« Was heißt das konkret? Das weiß man nicht. Deshalb startet der Mitarbeiter sofort eine Rechtfertigungsorgie, die Sie zehn Minuten Ihrer knappen Zeit kostet. Daher: Werden Sie konkret. Zum Beispiel: »Ihre Leistung bei der Neukundenakquise liegt zehn Prozent unter dem Schnitt.« Darüber lässt sich nicht streiten.
- [ ] **Persönliche Wertungen:** »Sie sind einfach kein guter Präsentator!« Würde man Ihnen das sagen, würden Sie sich auch aufregen! Also bleiben Sie sachlich: »Wenn Sie zehn Folien pro Minute zeigen, schwirrt mir danach der Kopf.«
- [ ] **Sie-Botschaften:** »Sie sind immer so penibel!« Widerspruch! Daher: Stets Ich-Botschaften verwenden. »Ich erwarte, dass Sie einem verdienten Verkäufer auch mal eine unnötige Spesenposition durchgehen lassen, sofern sie unter 100 Euro liegt!«
- [ ] **Keine Warums:** »Warum sind Ihre Zahlen so schlecht?« Mit dieser problemzentrierten Frage provozieren Sie eine Rechtfertigungsorgie! Fragen Sie lösungszentriert: »Was können Sie tun, damit es besser wird?«
- [ ] **Ironie, Zynismus, Sarkasmus:** »Also der Hellste sind Sie nicht in unserem Team!« Das ist unprofessionell. Wer gut ist, hat so etwas nicht nötig.

Schutz für Vorgesetzte

Gerade neue Führungskräfte haben mit der emotionalen Seite des Mitarbeitergesprächs die heftigsten Probleme. Das ist verständlich, wenn man hört, was Mitarbeiter in diesen Gesprächen so von sich geben:

- »So können Sie das aber nicht sehen! Wie kommen Sie zu dem Vorwurf? Ich weiß nicht, was Ihr Problem ist!«
- »Ihr Vorgänger hatte damit überhaupt kein Problem. Sie sind total voreingenommen und ungerecht! Aber davor hat man uns ja schon gewarnt.«
- »Ich weiß nicht, wie Sie das sagen können. Sie haben darin doch überhaupt keine Erfahrung!«

Da sitzt man als frisch gebackener Vorgesetzter erst mal da und schluckt trocken. Man fühlt sich persönlich angegriffen. Das ist verständlich. Wie gehen erfahrene Führungskräfte damit um?

Checkliste: Wenn Sie angegriffen werden

- [ ] Weigern Sie sich bewusst und konsequent, emotionale Entgleisungen persönlich zu nehmen.
- [ ] Sagen Sie sich: »Er meint nicht mich persönlich. Er braucht nur ein Ventil für seine Ängste und Unsicherheiten.« Das reicht meist, um innerlich Abstand zu gewinnen und die eigenen Emotionen zu schonen.
- [ ] Üben Sie diese Distanzierung im Gespräch. Nach einem Dutzend Wiederholungen ist Ihnen die Technik vertraut.
- [ ] Denken Sie daran, dass Angriffe immer subjektiv sind.
- [ ] Lassen Sie sich nicht zu einem Gegenangriff provozieren.
- [ ] Konzentrieren Sie sich auf die Sachebene der Botschaft.
- [ ] Falls Ihr Gegenüber ausfallend wird, können Sie das Gespräch durchaus unterbrechen und auf einen späteren Zeitpunkt verlegen. Bis dahin haben sich alle Parteien wieder beruhigt und ein konstruktives Gespräch ist eher möglich.

Das Kritikgespräch

Mitarbeiter machen auch mal Fehler. Dann müssen Sie es ihnen sagen. Davor fürchten sich die meisten Führungskräfte, wegen der zu erwartenden verschärften Widerstände (keiner lässt sich gerne kritisieren). Das ist vermeidbar, wenn man weiß, wie es geht.

Checkliste: Kritikgespräch

- ☐ Führen Sie ein Kritikgespräch niemals zwischen Tür und Angel. Das läuft aus dem Ruder.
- ☐ Vereinbaren Sie stattdessen einen Termin.
- ☐ Der Termin darf nicht spontan sein: Immer eine Nacht drüber schlafen, besser sind 48 Stunden. Sonst wird das Ganze viel zu aufgeladen.
- ☐ Warten Sie jedoch nicht zu lange: Länger als 48 Stunden ist kontraproduktiv, weil sich der Mitarbeiter unter Umständen danach nicht mehr an den Vorfall erinnert und zu fantasieren beginnt.
- ☐ Kritikgespräche niemals telefonisch! Das hat keinen Stil und provoziert Racheakte (E-Mail ist ebenfalls schlechter Stil).
- ☐ Kritikgespräche niemals vor Dritten, immer unter vier Augen.
- ☐ Benutzen Sie für das Kritikgespräch im Übrigen den Gesprächsleitfaden auf Seite 88 (Checkliste: Widerstandsfreies Mitarbeitergespräch).
- ☐ Vor besonders heiklen Mitarbeiter- und Kritikgesprächen schalten erfahrene Manager oft einen Executive-Coach ein, mit dem sie das Vorgehen besprechen.

Mitarbeiterauswahl: Die richtigen finden

Die Mitarbeiterauswahl stellt Führungskräfte vor schwerwiegende Fragen: »Was, wenn ich den Falschen einstelle?« Dann handelt die neue Führungskraft sich den Vorwurf des eigenen Vorgesetzten ein: »Sie sind unfähig, die richtigen Leute zu finden!« Was ist, wenn der neue Mitarbeiter die verlangte Leistung nicht bringt? Wenn er nicht ins Team passt? Wenn die Führungskraft den neuen Mitarbeiter zwar gut findet, dieser aber vom Rest der Abteilung abgelehnt wird? Und vor allem: Was ist, wenn sich herausstellt, dass der Neue besser ist als die Führungskraft selbst?

Aus der Mitarbeiterauswahl wird gerne ein großes Mysterium gemacht. Es ist die Rede von Erfahrung, von Bauchgefühl und Menschenkenntnis. Das sind zwar auch nötige Voraussetzungen, aber mit systematischem und planvollem Vorgehen ist dieses Mysterium leicht aufzulösen. Drei Schritte sind bei der Mitarbeiterauswahl zu berücksichtigen:

- Anforderungsprofil,
- Vorselektion,
- Hauptselektion.

Das Anforderungsprofil

Wie finden Sie »den Richtigen«? Indem Sie sich einfach fragen: Was muss der Richtige mitbringen? Diese Frage wird in der Regel nicht gestellt. Viele Führungskräfte schauen sich noch nicht einmal die Stellenanzeige an, die die Personalabteilung für sie annonciert. Danach wundern sie sich, wieso so viele unbrauchbare Bewerber sich melden ... Wer sich über unbrauchbare Bewerber beschwert, hat kein oder das falsche Anforderungsprofil. Erstellen Sie Ihr Anforderungsprofil:

- Welche fachlichen Voraussetzungen muss der ideale Bewerber mitbringen? Welche Fähigkeiten? Welche, wie lange berufliche Erfahrungen? Worin?
- Welche persönlichen und mentalen Voraussetzungen sollte der Bewerber mitbringen, um die Funktion gut zu erfüllen, für die er sich bewirbt? Welche Charaktereigenschaften, welche Motivationslage und Stressresistenz, um zur Aufgabe, zu Ihnen und zum Team zu passen? Welches Erscheinungsbild, welches Auftreten?

Insbesondere für den zweiten Punkt gibt es externe Unterstützung: Ein Berater erstellt Ihnen für jede offene Position ein aussagekräftiges und vor allem zuverlässiges persönliches, mentales und leistungsorientiertes Profil des Idealbewerbers, das Sie später für das so genannte Profiling benutzen können (s. S. 95f.).

Die Vorselektion

Laufen die Bewerbungen ein, wählen Sie jene Bewerber aus, deren Bewerbung inhaltlich dem Anforderungsprofil entspricht. Das klingt simpel? Stimmt, doch in der Praxis ist es alles andere als das. Oft beklagen sich Führungskräfte über die Flut der anfallenden Bewerbungen. Sie geben damit indirekt zu, dass sie die Vorselektion nicht beherrschen. Sie selektieren nicht genau genug. Sie machen die typischen Selektionsfehler.

- Sie fallen auf gut klingende, aber nichts sagende und verräterische Formulierungen von Bewerbern herein wie »mehrjährige Erfahrung« – wie viele Jahre denn? Oder »umfangreiche Verantwortung« – wie umfangreich? Wer so formuliert, erfüllt das Anforderungsprofil nicht, weil er nicht das vorzuweisen hat, was konkret verlangt wird. Aussortieren.
- Sie lassen sich von einer Superfähigkeit des Bewerbers blenden und übersehen dabei alle anderen Punkte. Der Bewerber muss jedoch dem kompletten Anforderungsprofil entsprechen – wozu hätten Sie es denn sonst aufgestellt?
- Sie quälen sich durch unübersichtliche Bewerbungen. Tun Sie es nicht: Aussortieren.
- Sie fallen auf unbewiesene Behauptungen herein wie »selbstständige Entscheidungen« – welche denn?
- Sie fallen auf bewusst gefälschte Bewerbungsunterlagen herein – man geht davon aus, dass etwa zehn Prozent aller eingereichten Unterlagen in etlichen Punkten gefälscht sind.

Vermeiden Sie diese Fehler, dann ist die Vorselektion eine Riesenerleichterung: Im Schnitt erfüllen 50 bis 95 Prozent aller Bewerber nicht das komplette Anforderungsprofil. Daran können Sie erkennen, dass das Anforderungsprofil eine echte Arbeitserleichterung und Zeitersparnis ist.

> Jede Minute, die Sie in das Anforderungsprofil stecken, erspart Ihnen danach eine Stunde Ärger und Zeitverlust. **!**

Achten Sie bei der Vorselektion auch auf Überqualifikation: Ist ein Bewerber offensichtlich überqualifiziert, betrachtet er die ausgeschriebene Position möglicherweise als Übergangsjob und ist wieder weg, noch bevor er sich eingearbeitet hat!

Die Hauptselektion

Selbst wenn sich Hunderte beworben haben: Laden Sie immer nur die drei bis fünf Bewerber zum Gespräch ein, die Sie auf Grund der Vorselektion für die aussichtsreichsten halten. Es gibt Jungmanager, die sich damit brüsten, für eine Position 20 Interviews geführt zu haben. Das ist kein Verdienst, das ist Selbstüberschätzung mit Hang zum Größenwahn. Diese Zeitverschwendung ist ineffizient!

Klären Sie im ersten Gespräch die fachlichen Voraussetzungen:

- Kann der Bewerber die im Bewerbungsschreiben vorgegebenen fachlichen Fähigkeiten im Gespräch erhärten?
- Sind die Belege, die er dafür anführt, glaubhaft und überzeugend?
- Sind seine Aussagen auch plausibel? Oder verstrickt er sich in Widersprüche?

Überprüfen Sie danach die persönlichen Voraussetzungen des Bewerbers. Um zu beurteilen, ob ein Bewerber charakterlich auf das Anforderungsprofil passt, verlassen Sie sich bitte nicht nur auf den ersten Eindruck oder seine Aussage. Wenn der ideale Bewerber zum Beispiel laut Anforderungsprofil »auch mal selbst mit anpacken« soll, dann fragen Sie ihn nicht: »Sind Sie fleißig?« Denn warum sollte er auf so eine Frage ehrlich antworten? Simulieren Sie vielmehr eine Situation aus seinem späteren Führungsalltag und stellen Sie offene Fragen.

Ein Manager in einem mitelständischen Unternehmen stellt selbst für Bürotätigkeiten nur Leute ein, die auch mit anpacken können. Also simuliert er folgende Situation: »Angenommen Sie bekommen den Job, und eines Tages landet ein Auftrag bei Ihnen, bei dem die Fertigung vergessen hat, die Etiketten aufzukleben. Die Etiketten liegen lose in der Versandschachtel. Was machen Sie?« Einige Bewerber antworten: »Sofort zurück an die Fertigung geben.« Genau das will der Manager nicht hören.

Denken Sie auch daran, bei jedem Punkt des Anforderungsprofils zu notieren, wie gut ihn der interviewte Bewerber erfüllt. Sie können dafür auch eine Skala verwenden, zum Beispiel: Erfüllt diese Anforderung herausragend – gut – befriedigend – unbefriedigend – nicht. Lassen Sie auch genügend Platz für zusätzliche Bemerkungen. Das alles, damit Sie sich nach allen Interviews noch daran erinnern können, welcher Bewerber Ihnen warum wie gut gefallen hat.

Profiling

Nachdem Sie die fachliche Qualifikation des Bewerbers geprüft haben, setzen Sie jetzt das Profiling ein. Der Bewerber setzt sich für 60 bis 90 Minuten ungestört in einen Raum, in dem er einen Fragebogen zu seinem persönlichen Profil ausfüllt: den so genannten **Profiling-Fragebogen**. Darin stehen Fragen zu seinen mentalen und intellektuellen Fähigkeiten, zu seinen Berufsinteressen und zu seinen Verhaltensmerkmalen.

Warum werden diese Fragen nicht mündlich gestellt? Weil Sie als Vorgesetzter eben 60 bis 90 Minuten Zeit sparen. Außerdem ist ein Profiling-Fragebogen statistisch zuverlässiger als eine mündliche Befragung, kann leichter, da standardisiert ausgewertet werden und schützt Sie besser vor Auswahlfehlern. Nähere Informationen zu Profiling finden Sie unter: http://www.s-tb.de unter dem Stichwort »Managementsysteme«.

Der große Vorteil des Profiling: Bewerber, die nicht aufs Idealprofil passen, erkennen Sie nach einer (IT-gestützten) Auswertung buchstäblich auf den ersten Blick. Sie können sich sofort auf die aussichtsreichen Bewerber konzentrieren. Das bedeutet erhebliche Kosten-, Zeit- und Aufwandsersparnis.

Inzwischen hat das Profiling in vielen großen und führenden Unternehmen sogar das Assessment Center als Königsweg der Bewerberauswahl abgelöst. Im Übrigen muss man in keinem Großunternehmen arbeiten, um Profiling einsetzen zu können.

FAQ Bewerbungsgespräch

Zwei Fragen stellen Führungskräfte häufig zum Bewerbungsgespräch. Die erste: »Wie kann ich erkennen, ob ein Bewerber lügt?« Antwort: Indem Sie ihm Simulationsfragen stellen, das heißt Fragen, in denen er einen fiktiven betrieblichen Zusammenhang simulieren muss. Wer dabei lügt, muss Dinge erfinden. Und das sticht ins Auge: Der Bewerber zögert, zappelt, stottert, verstrickt sich in Widersprüche und entlarvt sich damit selbst. Vor allem dann, wenn Sie nachhaken.

Die zweite Frage: »Wie führe ich überhaupt ein Bewerbungsgespräch?« Antwort: Indem Sie sämtliche Punkte Ihres kompletten Anforderungsprofils der Reihe nach abfragen – und indem Sie die häufigsten Fehler vermeiden.

Checkliste: Die häufigsten Fehler vermeiden

Wenn Bewerbungsgespräche wenig ergiebig verlaufen, liegt es meist an Folgendem:

- ☐ **Man hat sich schlecht vorbereitet.** Fragt zum Beispiel ein Manager den Bewerber: »Haben Sie überhaupt Erfahrung in unserer Branche?« Peinlich, das stand schon in der Bewerbung drin!
- ☐ **Der Vorgesetzte verstößt gegen die 30/70-Regel.** Anstatt zu 70 Prozent der Zeit den Bewerber auszuhorchen, ergehen sich viele Chefs zu 90 Prozent der Zeit in Selbstdarstellung ihrer Person und des Unternehmens. Das ist nicht Sinn eines Bewerbergesprächs!
- ☐ **Der Vorgesetzte schaut zum Fenster hinaus oder sonst wohin.** So entgeht ihm die Körpersprache des Bewerbers, die ihm verrät, ob dieser lügt.
- ☐ **Es erfolgt eine ständige Störung.** Man wird permanent durch Telefon, Sekretärin, Mitarbeiter, Kollegen unterbrochen.
- ☐ **Man hakt nicht nach und nimmt die Selbstdarstellung des Bewerbers für bare Münze.** Anstatt mal nachzufragen: »Wie genau lief das denn ab?«

Trainingssache

Sie können aus diesem Buch lernen, wie man den richtigen Bewerber einstellt. Mit ein wenig Disziplin gelingt das in der Regel recht gut. Die meisten frisch Beförderten tun sich jedoch erheblich leichter, wenn sie ein entsprechendes Training besuchen. Dort können Sie so ein Gespräch üben, bis es »sitzt«. Denn die Beurteilung von Bewerbern ist ebenfalls Übungssache: Je mehr Übung, desto leichter fällt es Ihnen.

Außerdem trainieren Sie auf solchen Seminaren

- wie Sie die richtigen Fragen stellen;
- wie Sie Lügen und Halbwahrheiten des Bewerbers schneller erkennen;
- wie Sie den Klon-Effekt vermeiden: Viele Chefs stellen unbewusst Abbilder ihrer selbst ein, weil ihnen diese Bewerber am sympathischsten vorkommen;
- wie Sie den Jasager-Effekt verhindern: Viele Chefs stellen unbeabsichtigt nicht den besten Bewerber ein, sondern jenen, der sich am besten fügt;
- wie Sie die Code-Sprache der Arbeitszeugnisse übersetzen;
- wie Sie erlaubte von unerlaubten Fragen unterscheiden;
- wie Sie Bewerbertricks durchschauen.

Das Kapitel auf einen Blick: Führungskompetenz

- Ziele generell smart vereinbaren (statt vorgeben).
- Ohne Zielkontrolle keine Zielerreichung!
- W-delegieren Sie alles Delegierbare!
- Führen Sie Mitarbeitergespräche widerstandsarm.
- Stellen Sie auf Basis des Anforderungsprofils immer die richtigen Mitarbeiter ein.

Die Macht der Motivation

»Motivation ist was für Weicheier«

Viele vor kurzem Beförderte sind schon wenige Tage nach der Beförderung verärgert über ihre Mitarbeiter: »Die wissen doch, dass jetzt ich der Chef bin – warum tun die nicht, was ich sage?« Als wir einmal zaghaft einwandten, dass die Mitarbeiter dazu nicht ausreichend motiviert würden, erwiderte uns eine Führungskraft mit zwar unbewusster, aber wahrnehmbarer Tendenz zur Selbstüberschätzung: »Motivation ist was für Weicheier. Die Leute haben gefälligst zu tun, was ich sage. Dafür werden sie schließlich bezahlt!« Das ist zwar krass formuliert, doch viele Manager teilen diese Meinung: Neue Vorgesetzte verwechseln Macht oft mit Motivation. Vorgesetzte haben Macht – doch Macht motiviert nicht! Die Folgen dieser Fehleinschätzung sind aktenkundig:

- Die Mitarbeiter vieler frisch Beförderter sind notorisch demotiviert.
- Oft sind sie bis in die Aggression und Sabotage hinein frustriert.
- Der Krankenstand ist hoch, die Jammerkultur meist überdurchschnittlich ausgeprägt.
- Die Leistung und die Produktivität sind niedrig.
- Es wird schlecht über den neuen Chef geredet.

Warum? Weil zwar alle Welt von Motivation spricht – doch niemand dem frisch Beförderten erklärt hat, wie man motiviert. Das wird vor allem in kleinen und mittleren Unternehmen als bekannt vorausgesetzt.

Denken Sie daran: Macht allein reicht nicht! Macht ist kein Motivator!

Mit Ihrer Beförderung haben Sie eine gewisse Macht erhalten – doch ohne Motivationskompetenz steht diese Macht auf tönernen Füßen.

Die sechs kritischen Situationen der Motivation

Dass Macht zur Motivation nicht ausreicht, bemerken neue Führungskräfte vor allem in folgenden Situationen:

- Bei der Zielmotivation: »Wir brauchen fünf Prozent mehr Umsatz!« Die Mitarbeiter lachen: »Bei dieser Konjunktur?«
- Bei der Engpassmotivation: »Wir müssen mit weniger Budget und Personal mehr erreichen!« Das hören Mitarbeiter schon so lange, dass es keine Wirkung mehr hat.
- Beim Change-Management. Reaktion der Mitarbeiter auf Veränderungsprojekte: »Das sitzen wir auch noch aus!«
- Im Alltag bei ganz normalen Anweisungen: »Herr Meier, machen Sie mal ...« Herr Meier macht, aber halbherzig, passiv und mit beklagenswertem Resultat.
- An der vorherrschenden latenten Demotivation: Macht kann sie nicht verhindern. Was denn?
- An der Selbstmotivation: Wie kann der junge Chef seine Mitarbeiter motivieren, wenn er selbst nicht motiviert ist?

Wenn Sie in diesen sechs kritischen Situationen motivieren können, werden Ihre Mitarbeiter für und nicht gegen Sie arbeiten. Dafür sorgen wir jetzt: für alle sechs Standardsituationen der Motivation.

Die Zielmotivation

Der Herbst ist eine harte Zeit für Führungskräfte: Die neuen Jahresziele werden von der Unternehmensführung vorgegeben. Gibt der Vorgesetzte sie an seine Mitarbeiter weiter, erlebt er meist den Pareto-Effekt: Etwa 20 Prozent der Mitarbeiter sagen »okay« zu den Zielen. Sie sind offenkundig motiviert. 80 Prozent der Mitarbeiter jedoch sind

- frustriert: »Jetzt spinnen die da oben völlig!«
- demotiviert: »Wie sollen wir das denn machen?«
- mutlos: »Das schaffen wir nie!«

- rebellisch: »Das haben die da oben sich so gedacht!«
- innerlich emigriert: »Lass den Chef mal reden. Dieses überzogene Jahresziel geht mich sowieso nichts an.«

Das kann ja wohl nicht angehen, denkt sich da die neue Führungskraft und ergreift Gegenmaßnahmen.

- Sie bügelt Widerstände ab: »Das sind nun mal unsere Ziele. Also richten Sie sich danach!«
- Sie macht Mut: »Sie schaffen das. Ich habe vollstes Vertrauen in Sie!«
- Sie droht mit Konsequenzen: »Wer sein Ziel nicht erreicht, kriegt Probleme mit mir!«

Haben Sie auch schon probiert? Mit nicht besonders ermutigenden Ergebnissen? Das liegt nicht an Ihnen. Es liegt an den untauglichen Motivationsinstrumenten. Warum untauglich?

> Untauglich ist jede »Motivation«, die die Gründe der Demotivation ignoriert.

Zu dieser Erkenntnis kommen viele Führungskräfte. Deshalb versuchen sie auch, die Gründe der Demotivation herauszufinden: »Warum finden Sie denn die neuen Ziele überzogen?« Das ist zwar gut gemeint, aber motiviert nicht wirklich. Denn auf diese Warum-Frage antwortet der Mitarbeiter meist mit einer langen Aufzählung von Gründen: Konjunktur, Mitbewerb, Preise ... Dabei wird der Mitarbeiter nur noch demotivierter!

> Warum-Fragen führen in die Sackgasse! Die richtige Frage ist die Was-Frage: »Was brauchen Sie, um das Ziel doch zu erreichen?«

Warum-Fragen demotivieren, Was-Fragen motivieren. Mit der Was-Frage ziehen Sie den Mitarbeiter raus aus seiner Jammerspirale. Auch die Wie-Frage schafft das: »Wie können Sie das Ziel trotzdem erreichen?«

Finden Sie vor allem *gemeinsam* Wege, wie es gehen könnte. Unterstützung motiviert. Fühlt der Mitarbeiter sich mit ein paar flotten Sprüchen (»Sie schaffen das! Ich habe vollstes Vertrauen!«) allein gelassen, ist er dagegen demotiviert. Das ist überraschend? Sie dachten vielleicht, dass man Mitarbeiter mit Geld, Boni, Prämien, Incentives, Wettbewerben und Geschenken motiviert? Ein verbreiteter Irrtum. Natürlich motiviert eine Prämie manchmal und kurzfristig. Doch die nicht-monetären Motivatoren motivieren in der Regel besser, billiger und vor allem langfristiger!

> Lassen Sie den Mitarbeiter alle Ideen auflisten, wie er sein Ziel doch noch erreichen könnte. **!**

Wichtig: Geben Sie ihm diese Ideen nicht vor! Vorgaben treiben Mitarbeiter häufig in die Demotivation, Unselbstständigkeit und Verantwortungslosigkeit – denn sie fühlen sich dadurch bevormundet! Helfen Sie dem Mitarbeiter stattdessen dabei, eigene Ideen zu entwickeln. Visualisieren Sie diese Ideen unbedingt. Denn nur, was der Mitarbeiter schwarz auf weiß anschauen kann, motiviert ihn auch. Sobald der Mitarbeiter die Lösungen *sieht*, glaubt er auch, dass er es schaffen kann – das ist Motivation! Deshalb heißt das amerikanische Sprichwort auch: Seeing ist believing. Wer als Chef gewohnt ist anzuweisen, muss sich diesen coachenden Führungsstil erst einmal angewöhnen. Doch es zahlt sich aus: Der Erfolg belohnt Sie.

> Reden Sie mit dem Mitarbeiter darüber, wie er seine Ideen zur Zielerreichung umsetzen kann. **!**

Was braucht er dafür? Eine Schulung? Ein Coaching, ein Werbemittel-Budget, besondere Maßnahmen, Ressourcen, Know-how ...? Machen Sie aus jeder dieser Voraussetzungen ein kleines Projekt, das gemanagt und erledigt wird.

Wenn dem Mitarbeiter spontan keine Lösungen für sein Zielproblem einfallen, geben Sie ihm zwei Tage, sich welche auszudenken. Wenn danach immer noch nichts kommt, ist die Grenze der Motivation erreicht: Reden Sie mit dem Mitarbeiter. Er hat ein grundlegendes Problem, das erst gelöst werden muss.

Die Engpassmotivation

Zurzeit müssen Vorgesetzte mit immer weniger Personal, Budget und Ressourcen immer mehr leisten und erreichen. Sobald Sie eine erneute Kostenkürzung oder Entlassungsmaßnahme ankündigen, werden Mitarbeiter sich beschweren:

- »Nicht noch mehr Einsparungen! Wir kommen jetzt schon auf dem Zahnfleisch daher!«
- »Wenn das so weitergeht, werde ich einfach krank.«
- »Tut mir Leid, bei uns hier ist die Grenze erreicht.«
- »Wir machen da nicht mit! Denn wenn die da oben merken, dass drei Leute die Arbeit von fünf schaffen, sind wir im nächsten Jahr nur noch zwei!«
- »Die da oben hören erst auf, wenn wir zusammenbrechen!«

Wenn Ihnen solche Reden entgegenschallen, könnten Sie versucht sein, spontan zu reagieren:

- »Machen Sie keine Panik! Wir haben das doch jedes Mal irgendwie geschafft!«
- »Meinen Sie, woanders ist es besser?«
- »Vor der Tür stehen genügend Bewerber, die gerne Ihren Job hätten!«
- »Wenn's Ihnen nicht passt, suchen Sie sie doch was Besseres!«

Funktionieren solche Motivationskeulen? Nur vordergründig. Der Mitarbeiter hält danach zwar den Mund, doch: **Schweigen bedeutet nicht Motivation, sondern Frustration!**

Motivationskeulen führen eher noch tiefer in die Demotivation. Der betroffene Mitarbeiter sagt zwar nichts mehr, doch im Verborgenen ist er gekränkt, macht Dienst nach Vorschrift und wartet auf die Gelegenheit, es dem Chef heimzuzahlen – und diese Gelegenheit kommt bestimmt! Motivationskeulen lähmen außerdem: Der Mitarbeiter ist danach wie gelähmt vor lauter Druck. Er denkt: »Ich könnte meinen Job verlieren!« Und diese Angst blockiert ihn. Oder er reagiert mit Trotz. Das blockiert ebenfalls.

Gehen Sie anders vor. Sie benötigen dazu nur zwei Schritte:

- Gehen Sie auf die Sorgen der demotivierten Mitarbeiter ein, zeigen Sie Verständnis. Das heißt nicht, dass Sie ihnen Recht geben sollen. Verständnis zeigen ist etwas anderes als Recht geben. Verständnis löst positive Gefühle aus: »Der Chef hört mir zu. Ihm sind unsere Sorgen nicht egal! Er behandelt uns fair!« Wer den Mitarbeiter in und mit seinen Sorgen akzeptiert, motiviert ihn. Verständnis ist ein starker Motivator:
  Wer akzeptiert, der motiviert.
- Überprüfen Sie die Prioritäten! Viele Mitarbeiter glauben, die erneute Ressourcenkürzung nicht verkraften zu können, weil sie »noch so viel anderes zu tun haben!« Der Grund: Die Mitarbeiter setzen die Prioritäten falsch. Sie geben zum Beispiel einer Aufgabe Top-Priorität, weil sie annehmen, dass sie (dem Chef) immens wichtig sei. Doch dem Chef ist etwas anderes viel wichtiger. Klären Sie daher unbedingt die Prioritäten: »Angesichts der erneuten Kostenkürzung setzen wir die Prioritäten neu: Am allerwichtigsten ist ab sofort ... dann kommt ... und dann erst ...« Durch eine neue Priorisierung fallen automatisch etliche Aufgaben weg oder werden nachrangig. Die Mitarbeiter werden entlastet und können nun die Ressourcenkürzung verkraften. Die richtigen Prioritäten motivieren.
  Wer richtig priorisiert, der motiviert.

Change-Management: Für Veränderungen motivieren

Sobald Sie zum Beispiel eine neue Software, Organisationsform oder Technik, ein neues Formular oder Verfahren einführen, sobald Sie restrukturieren oder reorganisieren wollen, werden viele Mitarbeiter es zunächst nicht einsehen, dass die Neuerung absolut notwendig, innovativ und nützlich ist. Sie werden entweder das Veränderungsprojekt passiv aussitzen oder aktiv bekämpfen: »Muss das jetzt sein? Wir haben auch noch anderes zu tun!« Neue Führungskräfte reagieren oft völlig falsch:

- **Manche reagieren zunächst überhaupt nicht:** Sie bemerken die Widerstände nicht, sie wundern sich lediglich, dass das Veränderungsprojekt so langsam vorankommt.
- **Andere reagieren brüskiert:** »Wir müssen restrukturieren, um überlebensfähig zu bleiben und meine eigenen Mitarbeiter sabotieren mich dabei!«
- **Manche fühlen sich persönlich getroffen:** »Das machen die nur, weil sie mich als neuen Chef torpedieren wollen!«

Daraufhin versucht der neue Chef, seine Mitarbeiter von der Notwendigkeit des Wandels zu überzeugen, ihnen gut zuzureden, oder er macht einfach mehr Druck. Haben Sie auch schon probiert? Hat wenig genutzt? Das ist nicht verwunderlich, denn Überzeugen, Überreden und Druck sind Symptomtherapien. Sie verfehlen die eigentlichen Ursachen der Demotivation. Packen Sie die Demotivation an ihren Wurzeln. Sie benötigen dafür fünf Schritte:

- **Gehen Sie auf die Widerstände gegen den Wandel ein:** »Ja, das ist wirklich eine Umstellung für uns.« Wer akzeptiert, motiviert.
- **Erklären Sie das Warum und Wozu.** Die meisten Widerstände gegen Change-Projekte entstehen nicht aus bösem Willen der Mitarbeiter, sondern aus mangelnder Information! Sie wissen einfach nicht, wozu das Ganze gemacht werden soll. Weil vor allem neue Chefs fahrlässig voraussetzen: »Die wissen schon, worum es geht. Das ist doch klar!« Nein. Es ist dem Manager klar. Nicht dem Mitarbeiter.

> ! Veränderungsprojekte zeigen meist Informationsdefizite:
> Desinformation = Demotivation!

- **Erklären Sie vor allem das Wozu:** Was soll mit dem Veränderungsprojekt erreicht werden? Was hat das Unternehmen davon? Was die Abteilung? Und vor allem: Was hat der einzelne Mitarbeiter davon? Welchen Nutzen bringt es ihm? Wird seine Arbeit dadurch leichter, produktiver, bequemer, einfacher, ruhiger, ungestörter? Wird sein Arbeitsplatz sicherer? Bekommt er mehr Geld, mehr Prestige, mehr Verantwortung, eine Beförderung?

Warum sollte ein Mitarbeiter ein Veränderungsprojekt unterstützen, das viel Mühe kostet, ihm aber nichts bringt? Nur weil es dem Unternehmen nutzt? Seien wir ehrlich: Sie würden das doch auch nicht tun! Der Mensch ist ein Nutzentier: Er tut nur, was ihm nutzt. »Was bringt mir das?« Erst wenn Sie jedem Mitarbeiter diese ungestellte Frage beantwortet haben, ist auch jeder Mitarbeiter motiviert für den Wandel.

Motivieren = den Nutzen zeigen

- **Eliminieren Sie demotivierende Vorgaben:** Zum Beispiel sind die Terminvorgaben für Veränderungsprojekte oft zu knapp. Deshalb reagieren Mitarbeiter demotiviert: Weil es in der gegebenen Zeit nicht zu schaffen ist. Stellen Sie sich vor Ihre Mitarbeiter und sagen Sie Ihrem Vorgesetzten auch einmal Nein (s. S. 23 ff. »Nein sagen fällt schwer«). Verhandeln Sie mit ihm realistische Zielvereinbarungen.
- **Lügen Sie Ihre Mitarbeiter nicht an,** falls Ihr Vorgesetzter uneinsichtig bleibt. Lügen demotivieren, weil sie immer irgendwann ans Tageslicht kommen. Schenken Sie reinen Wein ein: »Ich habe mit dem Vorstand verhandelt, doch der Vorstand will das Veränderungsziel unbedingt in zwölf Monaten erreichen. Es geht daher jetzt nicht mehr darum, *ob* wir es schaffen, sondern *wie* wir es schaffen.«
- **Lenken Sie die Aufmerksamkeit der Mitarbeiter weg vom Problem und hin zu möglichen Lösungen:** »Ich bitte um Vorschläge: Wie können wir es schaffen? Was brauchen Sie dazu?« Halten Sie diese Ressourcenwünsche schriftlich fest und formen Sie daraus Projekte, die Sie per Projekt-Management betreuen (lassen). Das zeigt den Mitarbeitern, dass das Ziel erreichbar ist – und das motiviert!

Sie sehen: Erfolgreiches Change-Management ist nicht schwer. Wer für den Wandel motivieren kann, schafft den Wandel auch.

Motivation im Führungsalltag

Führungskräfte klagen oft: »Ich muss meinen Mitarbeitern etwas erst hundertmal sagen, bevor es gemacht wird. Und wird es schließlich gemacht, dann selten so, wie ich mir das vorstelle!« Für Führungskräfte ist das eine ernüchternde Erfahrung. Das haben sie nicht erwartet. Entsprechend fällt die spontane Reaktion aus:

- Viele Manager wiederholen einfach die Anweisung (»Ich muss alles hundert Mal sagen!«)
- Sie reagieren genervt: »Was soll das?«
- Sie unterstellen: »Ist der Mitarbeiter zu blöd dafür?«
- Sie vermuten Übles: »Will der mich auflaufen lassen?«
- Sie zweifeln an sich: »Warum tun die das? Was mache ich falsch?«
- Sie erhöhen den Druck.

Hilft das? Nicht wirklich. Warum nicht? Weil keine dieser Spontanreaktionen motiviert. Sie motivieren nicht, weil sie die Demotivationsursachen außer Acht lassen. Daher: Prüfen Sie bei Demotivation nach Anweisungen immer erst die möglichen Ursachen ab.

Die erste Ursache, die Sie prüfen sollten, ist: Verständnis. Ist der Mitarbeiter nur deshalb demotiviert, weil er nicht verstanden hat, was Sie von ihm wollen? Dies ist die häufigste Ursache, denn Manager sprechen meist eine andere Sprache als ihre Mitarbeiter: »Wir müssen die Wertschöpfung steigern!« »Der ROI muss hoch!« Haben Sie das verstanden? Natürlich, Sie sind Manager – doch die meisten Mitarbeiter verstehen das nicht. Erklären Sie einem Mitarbeiter so lange in seinem eigenen Sprachgebrauch, was Sie von ihm erwarten, bis Sie seiner Körpersprache entnehmen, dass er es verstanden hat. Die entscheidenden Worte sind: in seinem eigenen Sprachgebrauch. Unverständliche Sprache demotiviert. Wer verständlich redet, motiviert. Klarheit ist Motivation.

! Überlegen Sie eine Minute und übersetzen Sie das, was Sie dem Mitarbeiter sagen wollen, in sein Deutsch. Reden Sie die Sprache des Mitarbeiters.

Was machen Sie, wenn Sie deutlich erkennen können, dass der Mitarbeiter zwar verstanden hat, was Sie von ihm wollen, er es aber trotzdem nicht oder nur unmotiviert ausführt? Bevor Sie voreilige Schlüsse ziehen: Ob ein Mitarbeiter eine Anweisung verstanden hat oder nicht, entscheidet sich allein daran, ob er die Anweisung in eigenen Worten wiederholen und erklären kann. Kann er das und macht er es trotzdem nicht oder unmotiviert, fassen Sie die zweite Demotivationsursache ins Auge: Der Mitarbeiter will einfach nicht. Warum nicht? Finden Sie das heraus! Auch dieses Herausfinden ist Motivation.

Wie finden Sie es heraus? Ganz einfach, indem Sie ihn fragen: »Herr Müller, ich habe das Gefühl, dass die Aufgabe, die Sie gerade bearbeiten, nicht hinhaut. Woran liegt es denn?« Auf eine so konkrete Frage wird der Mitarbeiter konkret antworten:

- »Ich bin bis oben zu mit anderen Aufgaben!«
- »Ich habe gerade keine Zeit.«
- »Anderes ist momentan wichtiger.«
- »Wozu brauchen wir das denn ausgerechnet jetzt?«

Das sind ganz konkrete Einwände gegen Ihre Anweisung. Dafür gibt es die Einwandsbehandlung, wie Sie sie vielleicht aus einem Führungs- oder Verkaufstraining kennen. Ein Verkäufer macht zum Beispiel keinen Abschluss, wenn er die Einwände seiner Kunden nicht behandeln kann.

Wie behandeln unerfahrene Führungskräfte Einwände? Indem sie sie abbügeln: »Nun haben Sie sich mal nicht so!« – »Das muss trotzdem gemacht werden.« – »Das ist Arbeitsverweigerung!« – »Wollen Sie Ihren Arbeitsplatz gefährden?« Das alles sind Motivationskeulen.

> ! Eine Führungskraft kann nicht motivieren, wenn sie Einwände nicht behandeln kann. Einwandbehandlung heißt, auf den Einwand einzugehen und ihn dann aufzulösen.

Sagt der Mitarbeiter, dass er zurzeit überlastet sei, gehen Sie darauf ein: »Gut, lassen Sie uns über Ihre Prioritäten reden.« Dann sortieren Sie gemeinsam die Prioritäten neu und verschaffen ihm dadurch mehr Zeit – diese Unterstützung motiviert ihn stärker als jedes Incentive! Es kann auch sein, dass der Mitarbeiter sich von der Aufgabe einfach überfordert fühlt. Auch das bekommen Sie durch geduldiges Nachfragen heraus. Dann klären Sie ab, was der Mitarbeiter braucht, um sich nicht länger überfordert zu fühlen (Know-how, Schulung, andere Ressourcen), und verschaffen Sie ihm die nötigen Voraussetzungen, soweit Ihnen das möglich ist. Falls das nicht möglich ist oder nichts bringt, delegieren Sie die Aufgabe an einen Mitarbeiter, der davon nicht überfordert ist.

Hat der Mitarbeiter »keine Zeit für so was!«, dann priorisieren Sie ebenfalls gemeinsam neu und gehen seine Aufgaben auf mögliche Delegationen durch. Dieses Führungsverhalten motiviert zweifach: erstens, weil der Mitarbeiter mehr Zeit bekommt, und zweitens, weil er erlebt, wie Sie sich um ihn kümmern.

Wendet der Mitarbeiter ein: »Wozu das denn jetzt?«, sieht er in Ihrer Anweisung offensichtlich keinen Nutzen – für sich! Also zeigen Sie ihm den Nutzen fürs Unternehmen, die Abteilung, für Sie und vor allem für ihn auf und erklären ihm diesen Nutzen in seinem eigenen Sprachgebrauch. Wer Nutzen bietet, motiviert.

Wenn der Mitarbeiter demotiviert ist, weil er ein Problem mit Ihnen persönlich hat, wird er das nicht offen sagen. Er wird es Ihnen jedoch indirekt sagen, indem er herumdruckst, verlegen in die Gegend schaut, Andeutungen macht oder frech wird und patzige Antworten gibt. Zeigt er eines dieser Symptome, sollten Sie die Angelegenheit in wenigen Minuten in einem klärenden Gespräch aus der Welt schaffen. Führt das Gespräch zu nichts, versuchen Sie auf keinen Fall zu erreichen, dass dieser Mitarbeiter Sie doch noch irgendwie okay findet – dieser Versuchung erliegen viele Führungskräfte.

Sie führt zu nichts. Können Sie die Vorbehalte des Mitarbeiters gegen Ihre Person nicht ausräumen, ist die Grenze der Motivation erreicht und Sie sollten gemeinsam überlegen, ob eine Versetzung des Mitarbeiters sinnvoll ist. Denn mit einem Mitarbeiter, der Vorbehalte gegen Ihre Person hat, können Sie auf Dauer nicht zusammenarbeiten. Gerade junge Führungskräfte quälen sich mit solchen Mitarbeitern länger herum, als sinnvoll und nötig ist.

Latente Demotivation beseitigen

Führungskräfte klagen in den ersten 100 Tagen oft über

- die Jammerkultur der Mitarbeiter;
- zu hohe Fehlzeiten;
- geringe Produktivität der Mitarbeiter;
- gedrückte Stimmung unter den Mitarbeitern;
- stark gebremstes Engagement der Mitarbeiter;
- kaum offene, echte Kommunikation.

Diese häufig anzutreffenden Symptome einer umfassenden, latenten Demotivation sind Produktivitäts- und Spaßkiller. Wie reagieren viele frisch gebackene Führungskräfte darauf?

- Sie versuchen ihre Leute rauszureißen: »Reißen Sie sich zusammen! Die Jammerei bringt uns auch nicht weiter!«
- Sie versuchen, mit der Warum-Frage der Jammerei auf den Grund zu gehen, dabei bekommen Sie eine Lawine von scheinlogischen Gründen zu hören (»Die Preise! Die Konjunktur! Das Management!«) und danach können Sie nur noch mitjammern, weil sie ebenfalls keinen Ausweg mehr sehen.
- Sie spielen das Ja-Aber-Spiel: Auf jeden Vorschlag der Führungskraft, wie die Mitarbeiter aus dem Jammertal herauskommen können, sagen die Mitarbeiter: »Ja, stimmt schon, aber ... (das bringt doch nichts, funktioniert bei uns nicht, haben wir alles schon probiert ...)«

Warum funktionieren diese üblichen Abhilfen nicht? Weil sie die Ursachen der latenten Demotivation nicht erreichen. Die Ursachen können sein:

- Engpässe in der Organisation, den Rahmen- und Arbeitsbedingungen, Prozessen und Verfahren, die die Mitarbeiter aufhalten und dadurch demotivieren.
- Der Vorgesetzte selbst.
- Geschäftsführung, Top-Management.

Hören Sie den Menschen zu, wenn sie jammern. Was sagen sie? Wenn sie sich über die Arbeitsbedingungen beklagen (»immer diese verdammten Berichte!«), dann

- tun Sie, was Sie können, um die Engpässe zu beseitigen oder abzumildern. Wer Engpässe abstellt, der motiviert!
- sprechen Sie wenigstens über das, was Sie nicht abstellen oder mildern können/wollen. Erklären Sie es.

Denn ihre demotivierende Wirkung entfalten organisatorische Engpässe nur, wenn sie nicht erklärt und nicht verstanden werden. Was man versteht, findet man nicht unbedingt toll – aber es demotiviert wenigstens nicht so intensiv. Und wie immer: In den Worten des Mitarbeiters erklären!

Falls Sie selbst Anlass der latenten Demotivation unter den Mitarbeitern sind, bekommen Sie das immer irgendwie zugetragen. Ändern Sie auf dieses indirekte oder direkte Feedback hin das, was Sie ändern können und wollen. Was Sie nicht ändern können oder wollen, erklären Sie bei Gelegenheit zumindest so, dass es nicht weiter wie bisher demotiviert. Denn Sie müssen keinesfalls alles machen, was die Mitarbeiter von Ihnen wünschen. Mancher Mitarbeiter wünscht sich nämlich die Eier legende Wollmilchsau ... Als Vorgesetzter muss man sich auch gesund und beziehungsfreundlich abgrenzen, mit einem höflichen Lächeln und einer plausiblen Erklärung Nein sagen können.

Wenn Mitarbeiter ständig über das Top-Management schimpfen, versuchen viele frisch gebackene Führungskräfte entweder die Topmanager in Schutz zu nehmen oder sie schimpfen mit. Beides funktioniert nicht als Motivationshilfe. Was dagegen motiviert, ist die Erklärung: Warum tut das Top-Management, was es tut? Wozu? Der normale Mitarbeiter sieht das Unternehmen eben von unten, der Topmanager von oben. Sobald Sie diese ungewohnte Perspektive Ihren Mitarbeitern nahe bringen, verstehen sie, warum das Top-Management so handeln muss. Und Verständnis motiviert. Machen Sie vor allem klar, dass das Top-Management nicht nur für Ihre Mitarbeiter, sondern noch für viele andere Bereiche, Abteilungen und Mitarbeiter verantwortlich ist. Das vergessen Mitarbeiter oft.

Selbstmotivation

»Wie soll ich meine Mitarbeiter motivieren, wenn ich selbst nicht motiviert bin?«, fragen sich viele Führungskräfte. »Ich soll meine Mitarbeiter motivieren – aber wer motiviert mich?« Natürlich Sie selbst! Wer sollte es sonst für Sie tun? Ihr Vorgesetzter? Es wäre schön, wenn Ihr Chef das tun würde, doch das ist nicht die Regel. Deshalb sollten Sie es auch nicht erwarten. Sie sind Führungskraft. Selbstmotivation sollte eigentlich selbstverständlich sein. Wie motivieren Sie sich selbst?

Checkliste: Selbstmotivation

- [ ] Finden Sie heraus, was genau Ihnen an Ihrer Arbeit Spaß macht. Ist es das Innovative, Kreative? Der Umgang mit Menschen? In Ruhe eine Aufgabe erledigen? Die Tüftelei an Produkten und Konzepten ... ? Was ist es bei Ihnen?
- [ ] Listen Sie die gefundenen Punkte auf: Das sind Ihre Arbeitsmotive, Ihre Motivatoren!
- [ ] Bringen Sie diese Motivatoren in bislang demotivierende Aufgaben hinein. Bringen Sie zum Beispiel ein kreatives Element in langweilige Routinetätigkeiten, wenn Kreativität Ihr Motiv ist. Oder bringen Sie systematische Struktur in frustrierende Konzeptionsarbeit, wenn System und Struktur Ihre Motivatoren sind.
- [ ] Gestalten Sie sich auf diese Weise jede Aufgabe so um, dass sie maximal Spaß und Freude macht. Das ist nicht nur erlaubt, das wird von Ihnen erwartet!
- [ ] Achten Sie auf Ihren Biorhythmus. Wenn Sie wissen, dass Sie ein 15-Uhr-Loch haben, legen Sie unangenehme Aufgaben nicht auf 15 Uhr! Das demotiviert Sie noch intensiver!
- [ ] Wenn Sie partout nicht motiviert, was Sie gerade tun (müssen), stellen Sie sich selbst eine schöne Belohnung in Aussicht, wenn die ungeliebte Aufgabe erledigt ist: Was würde Sie als Belohnung motivieren? Der Ausblick auf den Genuss des fertigen Ergebnisses? Ein Plausch mit den Kollegen?
- [ ] Je gestresster Sie sind, desto leichter und schneller werden Sie demotiviert. Eignen Sie sich per Lektüre oder Training einige Techniken zum Stress-Management an.

Die schlimmsten Demotivatoren im Management sind Angst und Unsicherheit.

- Angst vor Versagen: »Was passiert, wenn das von mir so sehr gepushte Projekt floppt?«
- Angst vor Fehlentscheidungen: »Was geschieht, wenn meine Entscheidung zu voreilig war?«
- Angst vor dem Karriereknick.
- Angst vor der Konkurrenz aus den eigenen Reihen, den Kronprinzen, dem Stühlesägen.
- Angst vor Verlust von Status, Macht, Image, Geld.
- Angst davor, den stetig steigenden Anforderungen nicht mehr gerecht zu werden.
- Angst vor der Angst, schlaflose Nächte und Blockaden.

Angst demotiviert. Wie lassen Sie die Angst hinter sich und motivieren sich neu?

Checkliste: Angstbewältigung

- [ ] Unsicherheit ist kein Zeichen von Schwäche. Jeder gute Manager fühlt sich auch mal unsicher. Sobald Sie das erkennen, können Sie damit umgehen.
- [ ] Je stärker Sie Angst verdrängen, desto stärker wird sie.
- [ ] Schauen Sie Ihrer Angst ins Auge: Was genau macht Ihnen Angst? Schreiben Sie es in einem Satz auf: Sobald Sie es schwarz auf weiß sehen, sinkt die Angst beträchtlich.
- [ ] Was genau sind die Anforderungen in der ängstigenden Situation? Welche Anforderungen erfüllen Sie bereits? Jede erfüllte Anforderung senkt die Unsicherheit weiter.
- [ ] Welche Voraussetzungen zur Erfüllung der Anforderungen fehlen Ihnen noch? Woher bekommen Sie die benötigten Fähigkeiten, die Unterstützung oder das Know-how?

Am Ende der Checkliste geht die Unsicherheit gegen null, weil Sie erkannt haben, dass Sie es schaffen können. Das motiviert!

Checkliste: Was wirklich motiviert

Vergessen Sie Incentives, Prämien, Appelle und Einpeitsch-Reden. Das alles motiviert lediglich mit Strohfeuer-Effekt. Richtige, gute, wirksame Motivation ist ganz einfach:

- ☐ Wer die Sorgen, Zweifel und Ängste der Mitarbeiter ernst nimmt, motiviert.
- ☐ Wer Mitarbeiter dabei unterstützt, Lösungen für ihre Probleme zu finden, motiviert.
- ☐ Wer Mitarbeitern keine Lösungen vorschlägt, sondern ihnen dabei hilft, selbst drauf zu kommen, motiviert.
- ☐ Wer vorgibt, was zu tun ist, das Wie aber den Mitarbeitern überlässt, motiviert.
- ☐ Wer Prioritäten setzt, motiviert.
- ☐ Wer informiert, motiviert.
- ☐ Wer dem Mitarbeiter die ungestellte Frage beantwortet »Und was bringt mir das?«, motiviert.
- ☐ Wer in verständlichen Worten erklärt, motiviert.
- ☐ Wer den Blick weg von den Hindernissen hin zu den Lösungen lenkt, motiviert.
- ☐ Wer Einwände nicht abtut, sondern behandelt, motiviert.
- ☐ Wer Engpässe beseitigt oder mildert, motiviert.
- ☐ Wer Arbeitsbedingungen verbessert, motiviert.
- ☐ Wer seine eigenen Aufgaben motivierend umgestaltet, motiviert.

Nicht jeder Mitarbeiter lässt sich auf die gleiche Art und Weise motivieren. Finden Sie die individuellen Motivatoren Ihrer Mitarbeiter heraus und nutzen Sie diese. Ein Mitarbeiter, der persönlich motiviert ist, wird immer mehr Leistung bringen, als ein Mitarbeiter, der nur »gut bezahlt« wird.

Motivation funktioniert nicht nach dem Gießkannen-Prinzip.

Das Kapitel auf einen Blick: Sich und andere motivieren

- Nur motivierte Mitarbeiter tun wirklich das, was Sie von ihnen erwarten.
- Macht alleine reicht nicht aus zur Motivation von Mitarbeitern.
- Motivieren Sie für Arbeitsziele, indem Sie fragen: »Was brauchen Sie, um das Ziel zu erreichen?«
- Motivieren Sie zur Überwindung von Engpässen, indem Sie die Klagen der Mitarbeiter ernst nehmen und mit ihnen zusammen neue Prioritäten setzen.
- Motivieren Sie für Veränderungsprojekte, indem Sie deren Zweck und Nutzen in den Worten der Mitarbeiter erklären, Hemmnisse des Wandels beseitigen und den Blick weg von Hindernissen und hin auf Lösungen lenken.
- Motivieren Sie im Führungsalltag, indem Sie Einwandsbehandlung betreiben.
- Befreien Sie Ihre Mitarbeiter aus der Jammerkultur, indem Sie organisatorische Engpässe beseitigen oder zumindest so erklären, dass Ihre Mitarbeiter sie verstehen.
- Motivieren Sie sich selbst, indem Sie Ihre Aufgaben so umorganisieren, dass sie maximale Motivationsanteile enthalten.

Mehr Problemlösungs-kompetenz ist gefragt!

Sie sind nicht für jedes Problem verantwortlich!

»Meine Tür ist immer offen. Meine Leute können mit jedem Problem zu mir kommen!«, verkünden erstaunlich viele, die kürzlich zum Vorgesetzten oder zur Vorgesetzten befördert wurden. Dahinter steht der oft unbewusste Gedanke: »Ich bin jetzt Chef, also kann ich alles, verstehe alles und löse jedes Problem!« Eine noble Absicht. Doch die Idee, dass man nun plötzlich jedes Problem lösen könne, nur weil man eben befördert wurdet, ist schlichte Selbstüberschätzung oder Größenwahn. Wenn es so einfach wäre, Probleme zu lösen, müsste man lediglich jemanden befördern!

Niemand kann alle Problem lösen. Mehr noch: Niemand verlangt das von Ihnen! Auch wenn viele neue Chefs das wie selbstverständlich annehmen! Das Ganze ist ein grandioser Irrtum. Was passiert, wenn man als neuer Chef auf diesen Irrtum hereinfällt und sich für jedes Problem verantwortlich fühlt? Die Mitarbeiter nehmen die Einladung dankend an und laden ihre Probleme prompt beim Vorgesetzten ab. Jetzt entlarvt sich die Selbstüberschätzung als solche: Der neue Vorgesetzte steht angesichts der Problemlawine völlig überfordert da oder ist schlicht genervt davon, mit welchen Bagatellen er belästigt wird. Außerdem stellt er erschreckt fest, dass er die Konflikte, die seine Mitarbeiter in sein Büro tragen, oftmals nicht lösen kann! Er hat seine Problem- und Konfliktkompetenz schlicht überschätzt.

Am schlimmsten ist: Je mehr der neue Chef sich um die Probleme seiner Mitarbeiter kümmert, desto mehr Probleme laden diese bei ihm ab! »Ich habe manchmal das Gefühl, ich bin im Kindergarten«, sagt ein 39-jähriger Ingenieur, der vor kurzem zum Abteilungsleiter befördert wurde. Warum Kindergarten? Weil seine Mitarbeiter umso mehr Probleme bei ihm abladen, je mehr Probleme er für sie löst. Denn wer einen Chef hat, der ihm die Probleme abnimmt, nutzt das natürlich weidlich aus! So erzieht man seine Mitarbeiter zur Unselbstständigkeit und sabotiert sich dabei selbst. Denn wer ständig die Probleme seiner Mitarbeiter löst, kommt nicht mehr zu seiner eigentlichen Arbeit, hat Dauerstress und bald Konflikte mit dem eigenen Vorgesetzten – denn dieser bemerkt recht schnell, dass die eigentliche Arbeit des neuen Chefs liegen bleibt! Auch deshalb sind viele neue Führungskräfte chronisch überlastet. Nicht, weil sie so viel zu tun hätten. Sondern weil sie sich um Dinge kümmern, die sie nichts angehen, und ihre Mitarbeiter dazu erziehen, jedes noch so kleine Problem bei ihnen abzuladen.

Wer sich für jedes Problem verantwortlich fühlt, versäumt seine eigentliche Arbeit.

Besonders bemerkenswert ist, dass sich viele Führungskräfte für jedes Problem verantwortlich fühlen, ohne jemals gelernt zu haben, wie man mit solchen Problemen umgeht!

- Das führt dazu, dass sie die Probleme nicht lösen können, die die Mitarbeiter ihnen ins Büro tragen.
- Sie reagieren bei Kritik zur eigenen Person ungehalten, obwohl sie vollmundig behaupteten: »Mit mir kann man über alles reden!«
- Sie können Konflikte nicht klären, die sie klären sollten.

Diese drei Defizite beheben wir im Folgenden der Reihe nach.

Kompetenz zur Problemlösung erhöhen

Führungskräfte fühlen sich oft für jedes Problem verantwortlich. Die Mitarbeiter kriegen das natürlich mit und laden prompt jedes Problemchen beim hilfsbereiten Chef ab. Deshalb ist der Chef binnen kürzester Zeit hoffnungslos überlastet. Etliche Manager fallen dann ins andere Extrem: Sie

- revidieren ihre Politik der offenen Tür und schlagen die Tür zu;
- bagatellisieren das Problem, um es sich vom Hals zu schaffen: »Mit so einer Bagatelle kommen Sie zu mir?«

Beides sind Bumerang-Reaktionen, weil sie die Mitarbeiter vor den Kopf schlagen und ihre Motivation zerstören. Und wir wissen ja: Die beste Motivation ist, Demotivation zu vermeiden.

Probleme schnell vom Tisch zu bekommen und trotzdem die Mitarbeiter nicht zu verärgern geht im Grunde einfach:

- Hören Sie erst einmal in Ruhe zu. Ein trivialer Tipp? Mitnichten. Die meisten Manager machen genau das Gegenteil: Kaum macht der Mitarbeiter den Mund auf, unterbrechen sie ihn mit einem Tipp: »Aber das ist doch kein Problem! Machen Sie es einfach so und so!« Auch das ist Größenwahn: Zu glauben, man könne ein Problem lösen, von dem man nur die ersten beiden Sätze gehört hat. Das klappt nicht, wie die Praxis beweist: Der neue Chef liegt in acht von zehn Fällen daneben – eben weil er das Problem nicht bis zu Ende gehört hat.
- Will der Mitarbeiter eine Lösung von Ihnen, geben Sie sie ihm nicht. Fragen Sie ihn zuerst nach seinen eigenen Lösungsvorschlägen. Tun Sie das nicht, erziehen Sie den Mitarbeiter dazu, künftig jedes Problem bei Ihnen abzuladen – eben weil Sie jedes Problem bereitwillig lösen! Er verlernt das Denken, weil er ja Sie dafür hat. Fragen Sie ihn jedoch nach seinen Vorschlägen, erziehen Sie ihn dazu, das nächste Mal mit eigenen Vorschlägen zu Ihnen zu kommen – oder überhaupt nicht mehr. Eben weil er gelernt hat, seine Probleme selbst zu lösen.

! Bevor Sie ein Problem lösen, schätzen Sie erst die Situation richtig ein. Lösen Sie nicht die Probleme des Mitarbeiters! Bringen Sie ihm bei, sie selbst zu lösen.

Das ist Ihre oberste Führungsaufgabe: Mitarbeiter dazu zu befähigen, ihren Job selbst zu machen.

Falls der Mitarbeiter Sie nicht um einen Lösungsvorschlag bittet und einfach weiter von seinem Problem erzählt, lassen Sie sich nicht die Zeit stehlen. Unterbrechen Sie ihn und fragen Sie ihn, was er von Ihnen möchte. Gibt er keine klare Antwort, ist das Antwort genug: Er möchte lediglich seinen Kummer bei Ihnen loswerden. Dann hören Sie ihm einfach zu – denn das ist es, was er von Ihnen möchte. Geben Sie auf keinen Fall Lösungstipps! Das will er nicht! Das fasst er als oberlehrerhaft auf. Sagen Sie ihm abschließend einfach: »Gut, dass wir darüber geredet haben.«

Was tun bei Kollegenpetze?

Vorgesetzte im ersten Führungsjahr finden es oft gut, wenn Mitarbeiter ihnen den neuesten Klatsch und Tratsch erzählen. Sie glauben daran zu erkennen, dass die Mitarbeiter sie als Chef akzeptieren. Problematisch wird es jedoch, wenn ein klatschender Mitarbeiter einen Kollegen anschwärzt: »Der Kerl ist unmöglich. Immer macht er ... So kann das nicht weitergehen. Können Sie nicht mal mit ihm reden?«

Hat man Sie auch schon darum gebeten? Sind Sie der Bitte nachgekommen? Dann werden Sie erlebt haben, dass das eine ganz dumme Idee war. Denn kaum werden Sie beim angeschwärzten Mitarbeiter vorstellig, stellt sich häufig heraus, dass der Petzende haltlos übertrieben oder die Fakten verdreht hat, was der Verpetzte natürlich sofort klarstellt und Sie nun seinerseits als Rammbock gegen den petzenden Kollegen einsetzen will: Sie sind zwischen die Fronten geraten! Sie sind Spielball zweier Mitarbeiter geworden. Das sollte ein Chef niemals sein. Denn dadurch verliert er den Respekt seiner Mitarbeiter.

Lassen Sie sich nicht zum Spielball zerstrittener Mitarbeiter machen. Klären Sie die Angelegenheit unter sechs Augen. !

Sagen Sie dem petzenden Mitarbeiter einfach: »Wir sollten das aus der Welt schaffen. Ich lade den Kollegen ein, und wir klären dann die Angelegenheit zu dritt.« Will der Mitarbeiter lediglich einen Kollegen anschwärzen, macht er daraufhin einen Rückzieher: »Ach, so wichtig ist das nun auch wieder nicht.« Sie ersparen sich damit eine Menge Ärger und Gesichtsverlust und erziehen den Mitarbeiter dazu, künftig solche Versuche zu unterlassen. Er lernt dabei: Sie lassen es nicht mit sich machen.

Behindert der Konflikt der beiden Mitarbeiter die Produktivität oder die Zusammenarbeit in der Abteilung, bestehen Sie jedoch auf Ihrem Gespräch zu dritt. Laden Sie beide zu einem Termin ein und führen Sie ein professionelles Konfliktgespräch.

Mit Kritik an der eigenen Person gekonnt umgehen

Erstaunlich viele Manager behaupten: »Mit mir kann man offen reden.« Ein schönes, mitarbeiterorientiertes Versprechen. Nehmen die Mitarbeiter es ernst, kommt es jedoch oft zum Eklat, wenn sie dem neuen Chef Feedback geben – zu seiner eigenen Person! »Ich find es nicht toll, wenn Sie ...« – »Warum müssen Sie denn immer ...?« Damit hat der Chef nicht gerechnet! Er hält sich für ideal und muss nun Kritik einstecken. Entsprechend fällt die Reaktion aus.

- Die meisten neuen Chefs reagieren darauf sehr verblüfft und fühlen sich persönlich ge- und betroffen.
- Oder sie reagieren aufbrausend: »Was bildet der sich eigentlich ein?« Nichts; er nutzt nur das, was man ihm angeboten hat.
- Sie rechtfertigen sich. Das wirkt ganz schwach, weil ein echter Chef sich nicht vor Mitarbeitern rechtfertigt.
- Sie kommen mit einem Gegenangriff und kehren den Chef heraus. Der Mitarbeiter sieht daran: Der Chef hat gelogen, als er versprach, dass man mit ihm über alles reden kann.
- Sie reagieren mit beleidigtem Rückzug: »Ich tue alles für meine Mitarbeiter und nun das!«
- Oder sie hegen sogar Rachepläne: »Dieser Kerl zählt ab sofort Schrauben im Lagerraum!«

Die Folge all dieser verständlichen Spontanreaktionen: Die totale Klimakatastrophe, die völlige Demotivation des Mitarbeiters, der vollständige Beziehungsriss. Der so gemaßregelte Mitarbeiter redet nicht mehr mit dem Chef – wenigstens nicht in den nächsten Wochen. Außerdem schwärzt er meist auch noch den Chef bei den Kollegen an und schmiedet seinerseits Rachepläne. Auch die anderen Mitarbeiter zeigen dem Chef nun die kalte Schulter. Der Chef hält seine Mitarbeiter daraufhin für unkooperativ. Dabei hat er sie mit seiner unüberlegten Reaktion selbst dazu gebracht! Daher der Spruch: Jeder hat die Mitarbeiter, die er verdient.

Wer unkooperative Mitarbeiter hat, hat meist zuvor Fehler gemacht. Wie vermeiden Sie diese Fehler? Wie gehen Sie richtig mit Feedback zu Ihrer eigenen Person um?

INFO

So gehen Sie souverän mit Feedback zur eigenen Person um

- **Überprüfen Sie Ihre Einstellung.** Was fällt Ihnen zum Thema »Kritik« ein? Die meisten Manager antworten auf Führungsseminaren darauf mit Attributen wie: »lästig, ärgerlich«. Sie haben eine negative Einstellung zu Kritik an ihrer Person. Das ist normal.
- **Erkennen Sie die Ursache Ihrer Abneigung gegen Kritik.** Die meisten Menschen können nur deshalb nicht angemessen mit Kritik umgehen, weil sie sich dabei automatisch persönlich angegriffen fühlen. Das ist zwar verständlich, aber meist eine Fehleinschätzung: Gerade bei persönlich verletzender Kritik entspricht das Verhalten in der Regel nicht der Absicht. Der Mitarbeiter, der Sie kritisiert, möchte Sie nicht persönlich treffen, verletzen oder herabwürdigen – das scheint nur so! Tatsächlich ist er aufgeregt, gestresst oder so verunsichert, dass er glaubt, nur auf besonders scharfe Weise sein Feedback anbringen zu können. Reden Sie sachlich mit ihm, beruhigt er sich schnell wieder.
- **Zählen Sie bis zehn!** Da Sie nun wissen, dass Sie nur deshalb unangemessen auf Kritik reagieren, weil Sie sie persönlich nehmen, gewöhnen Sie es sich an, zunächst zu schweigen, wenn Sie Kritik hören. Widerstehen Sie der Versuchung, sich zu einer unüberlegten Reaktion hinreißen zu lassen, sagen Sie zunächst nichts und zählen bis zehn.
- **Achten Sie ganz bewusst auf Ihren Körper:** Wo fühlen Sie sich buchstäblich getroffen? Im Magen? Im Genick, hinter der Stirn? Haben Sie das Gefühl, vor den Kopf gestoßen worden zu sein oder dass man Ihnen den Boden unter den Füßen wegzieht? Bei jedem ist das Gefühl anders. Konzentrieren Sie sich auf die Stelle, an der das Gefühl auftritt. Diese aktive Lenkung Ihrer Aufmerksamkeit verhindert eine falsche Spontanreaktion. Sie hilft, sich zu sammeln.
- **Gehen Sie jetzt zur Bauchatmung über.** Atmen Sie einige Male tief ein und aus – sonst reagieren Sie zu spontan und emotional. Mit dieser simplen Atemübung haben Sie bereits die nötige Distanz zur ungeliebten Kritik geschaffen: Es geht Ihnen buchstäblich nicht mehr so nah. Sie beruhigen sich und das Klima.
- **Prüfen Sie nach, auf welcher Ebene Kritik geübt wird.** Ist es
  - Kritik am Umfeld, zum Beispiel: »Sie hatten uns doch neue PC versprochen, und die sind immer noch nicht da!«
  - Kritik auf der Verhaltensebene: »Ich lasse mich von Ihnen nicht vor versammeltem Team zur Minna machen!«
  - Kritik an Fähigkeiten: »Ich habe den Eindruck, Sie verstehen gar nicht, worum es da geht!«

  Wenn Sie erkennen können, auf welcher Ebene kritisiert wird, können Sie die Kritik besser einordnen und besser damit umgehen.

INFO

- **Prüfen Sie nach, was hinter der Kritik steckt.** Wie machen Sie das? Richtig, durch Fragen. Wer fragt, der führt: »Wie meinen Sie das genau?« – »Wie kommen Sie darauf?« – »Woran erkennen Sie das?« Die Wirkung dieser Fragen: Selbst die persönlichste, emotionalste Kritik wird dadurch versachlicht. Sie fühlen sich danach nicht mehr persönlich angegriffen. Das ist das Wichtigste bei der Kritikbehandlung!
- **Klären Sie Missverständnisse auf.** 80 Prozent der Kritik am Vorgesetzten ist keine, sondern lediglich ein Missverständnis, das der Chef nach dem vorangegangen Schritt aufklären kann: »So war das doch nicht gemeint!« – »Vielleicht habe ich mich da etwas unklar ausgedrückt.« – »Es tut mir Leid, dass Sie das so verstanden haben, aber so war das nicht beabsichtigt!« Klären Sie das Missverständnis, indem Sie mit dem Mitarbeiter darüber reden. Reden klärt.
- **Klären Sie sachlich und emotional.** Wenn der Mitarbeiter Sie kritisiert, weil er sich emotional auf den Schlips getreten fühlt, Sie aber rein sachlich betrachtet durchaus Recht hatten, dann sprechen Sie beides aus: »Es war nicht meine Absicht, Ihnen auf die Füße zu treten. Die Sache ist nur die: Wir müssen Projekt 23 auf Eis legen, weil ...«
- **Wenn der Mitarbeiter mit seiner Kritik tatsächlich Recht hat** (was durchaus mal vorkommen kann), dann ist das Dümmste, was Sie machen können: Abstreiten, Rechtfertigen, Schönreden, Rausreden ... Das zerstört Ihre Glaubwürdigkeit und die Motivation des Mitarbeiters. Sie wissen ja: Die beste Motivation ist immer noch, Demotivation zu vermeiden. Vor allem spricht es sich herum und zerstört zusätzlich die Motivation der anderen Mitarbeiter. Da hilft nur eines: wahre Größe zeigen. Nur ein Feigling versteckt Fehler.

Ein kompetenter Chef kann auch zu Fehlern stehen, ohne das Gesicht zu verlieren, indem er souverän bleibt und sich sogar für die Kritik bedankt: »Danke, dass Sie mich darauf hinweisen. Das hätte nicht passieren dürfen.« Machen Sie ein Versprechen, aber bitte kein unrealistisches: »Das wird nie wieder vorkommen!« Hier spricht der Größenwahn. Niemand kann so ein Versprechen halten. Machen Sie lieber realistische Versprechungen: »Ich werde künftig verstärkt darauf achten.« Dann nehmen Sie dem kritisierenden Mitarbeiter zum Abschluss den Wind aus den Segeln, indem Sie ihn zu Ihrem Verbündeten machen: »Falls mir das nochmals passiert, machen Sie mich doch darauf aufmerksam.« Wenn Sie das einem Mitarbeiter sagen, wird er Sie nicht wieder kritisieren – denn nun ist er ja Ihr Verbündeter.

Wenn ein Mitarbeiter Sie auf dem linken Fuß erwischt

Als Vorgesetzter müssen Sie auf alles gefasst sein. Auch darauf, dass ein Mitarbeiter Sie mal auf dem linken Fuß erwischt: »Die Zahlen, die Sie uns gestern gaben, sind teilweise falsch!« Stimmt das tatsächlich? Hätten Sie das gewusst, hätten Sie ihm die Zahlen doch nicht gegeben! Ob er also Recht hat oder nicht, können Sie unmöglich aus dem Stand beantworten – also tun Sie es auch nicht!

Sie müssen nicht jedes Feedback sofort beantworten. Können oder wollen Sie es nicht – vertagen Sie einfach! !

Denn sonst untergraben Sie Ihre eigene Autorität. Der Mitarbeiter merkt nämlich recht schnell, dass Sie im Grunde keine Ahnung haben, wovon er spricht. Sagen Sie: »Das möchte ich mir erst nochmals genau ansehen. Ich komme morgen auf Sie zu!« Morgen suchen Sie ihn dann auf und stellen die Sache richtig. Dieses Vorgehen ist unbedingt auch angeraten, wenn Kollegen oder Ihr Vorgesetzter Sie auf dem falschen Fuß erwischen: »Tut mir Leid, das muss ich mir erst nochmals anschauen. Ich komme morgen auf Sie zu.« Und dann legen Sie sich für morgen eine hieb- und stichfeste Erwiderung zurecht.

Kompetent Konflikte klären

Keine Konfliktklärung ohne Konfliktkompetenz: Neue Führungskräfte halten sich meist für begnadete Konfliktmanager. Sobald jedoch zwischen Mitarbeitern ein Konflikt aufkommt, was häufiger passiert, erweist sich dies als massive Selbstüberschätzung:

- Der neue Chef ignoriert die Streitereien, bis sie Motivation, Produktivität oder Abteilung schaden.
- Er schlägt mit der Verbalkeule dazwischen und legt damit eigenhändig Motivation, Produktivität oder Abteilung lahm.
- Er versucht zu schlichten, ergreift dabei jedoch unbewusst Partei und eskaliert den Konflikt dadurch noch mehr.

INFO

Konflikte klären in zwölf Schritten

- **Klären Sie Ihre Rolle.** Laden Sie die zerstrittenen Mitarbeiter zu einem Klärungsgespräch ein. Klären Sie vorab Ihre Rolle: »Zweck unseres Gesprächs ist, dass alle Seiten über das Problem reden. Ich selbst bin neutral. Ich möchte eine für alle Seiten akzeptable Lösung finden.« Selbst wenn Sie glauben, dass ein Mitarbeiter Recht hat: Zeigen Sie es nicht! Bleiben Sie neutral! Die Konfliktparteien müssen sich allein einigen. Sobald Sie für eine Seite Partei ergreifen, haben Sie die andere gegen sich und der Konflikt eskaliert!
- **Vereinbaren Sie Regeln** für den Umgang miteinander und achten Sie darauf, dass diese Regeln im Gespräch eingehalten werden:
  - Keine persönlichen Angriffe.
  - Den anderen ausreden lassen.
  - Keine Zwischenbemerkungen, wenn der andere spricht.
- **Vereinbaren Sie ein gemeinsames Ziel.** Fragen Sie: »Was ist Ziel dieser Besprechung?« Halten Sie dieses Ziel schriftlich fest und erinnern Sie die Parteien immer wieder daran, wenn es nicht mehr weitergeht: »Sie haben zu Beginn gesagt, dass Sie die Sache aus der Welt schaffen möchten – können wir zu diesem Ziel zurückkehren?«
- **Vereinbaren Sie gemeinsam, wer beginnen darf.** Mitarbeiter A trägt dann seine Sicht des Konflikts vor. Während A redet, sorgen Sie dafür, dass B sich an die Regeln (s. Regeln vereinbaren) hält. Falls B unruhig wird, moderieren Sie: »Schreiben Sie Ihre Einwände ruhig auf, Sie sind gleich dran.« Wer schreibt, funkt nicht dazwischen.
- **Fragen Sie A, was er sich idealerweise von B wünscht.** Welches Ziel verfolgt er damit?
- **Bitten Sie B, Ihnen beiden die Meinung von A in eigenen Worten zu erklären.** Damit decken Sie Missverständnisse auf wie: »Moment mal – so habe ich das aber nicht gemeint!« Klären Sie die Missverständnisse der Reihe nach.
- **Jetzt bitten Sie B, seine Sicht, Wünsche und Ziele zu formulieren.**
- **Danach gibt A in seinen eigenen Worten wieder, wie er B verstanden hat.** Sie klären wieder alle Missverständnisse.
- **Finden Sie den gemeinsamen Nenner.** Oft wollen alle Seiten im Grunde dasselbe, verfolgen jedoch unterschiedliche Wege. Halten Sie die Gemeinsamkeiten fest.
  - Lassen Sie darüber diskutieren, wie alle Seiten zu diesem gemeinsamen Nenner kommen können.
  - Halten Sie die gemeinsame Einigung schriftlich fest, erstellen Sie einen Maßnahmenplan: Wer macht was bis wann?
- Vereinbaren Sie einen **Follow-up**: Wann treffen wir uns, um zu klären, wie die Einigung sich bewährt hat?

Ein Manager ist nur so gut wie seine Konfliktkompetenz

Sie fühlen sich etwas überwältigt? Das ist normal. Viele Manager glauben, Konflikte mit links klären zu können. Vernünftige Manager schauen dagegen das Zwölf-Stufen-Schema der Konfliktklärung an und fühlen sich überwältigt: »Ich hätte nicht gedacht, dass man so viel dabei beachten muss!«

Es ist schwer, sich Konfliktkompetenz do-it-yourself anzueignen. Idealerweise macht man das auf einem Führungstraining, einem Konfliktseminar oder im Coaching.

Mit ein wenig Übung läuft das Schema dann fast automatisch ab. Man gewöhnt sich daran.

Falls Sie mit diesem Verfahren keine Konfliktklärung erreichen, was hin und wieder vorkommt, bleibt als Konfliktlösung nur, dass sie einen der konfliktbeteiligten Mitarbeiter versetzen (lassen). Das ist zwar ein aufwändiger Schritt, doch der Schaden ist größer, wenn Sie ihn nicht tun. Denn Konflikte kosten! Sie vernichten Motivation und Produktivität.

Jetzt wissen Sie auch, warum wir meist so empfindlich auf Konflikte reagieren: Uns fehlt die nötige Konfliktkompetenz! In unserer westlichen Zivilisation wird diese absolut notwendige Kompetenz weder in Elternhaus und Schule, noch in Ausbildung oder an der Uni gelehrt. Wir schießen Menschen ins All, doch wir können keine Konflikte klären. Tragisch. Verschaffen Sie sich die nötige Konfliktkompetenz.

Nebenbei hat Konfliktkompetenz einige schöne Nebenwirkungen, wie unsere Seminarteilnehmer immer wieder berichten: Auch privat kommen Sie viel besser mit anderen Menschen klar, können Konflikte schneller und leichter klären. Außerdem stärkt Konfliktkompetenz Ihr Selbstbewusstsein. Mit der nötigen Konfliktkompetenz im Rücken fühlen Sie sich weniger angreifbar. Egal was kommt, Sie können souverän damit umgehen.

Das Kapitel auf einen Blick: Probleme lösen können

- Wenn Sie sich seit Ihrer Beförderung für jedes Problem Ihrer Mitarbeiter verantwortlich fühlen: Machen Sie sich bewusst, dass Ihr Vorgesetzter etwas anderes von Ihnen erwartet.
- Wenn Sie glauben »Mit mir kann man über alles reden!«, sollten Sie auch die nötige Kompetenz mitbringen, mit den Konflikten und Problemen fertig zu werden, über die Ihre Mitarbeiter mit Ihnen reden wollen.
- Problemkompetenz bedeutet: Den Mitarbeitern nicht jedes Problem abnehmen, das sie in Ihr Büro tragen – sonst bringen die Mitarbeiter immer mehr davon!
- Problemkompetenz heißt: Den Mitarbeitern helfen, ihre Probleme selbst zu lösen.
- Geben Sie keine vorschnellen Tipps – erfassen Sie immer erst die ganze Problemsituation.
- Lösen Sie nicht die Probleme des Mitarbeiters – bringen Sie ihm bei, sie selbst zu lösen.
- Geben Sie Mitarbeitern keine vorgefertigten Lösungen – fragen Sie sie erst nach ihren eigenen Vorschlägen.
- Lassen Sie sich nicht zum Spielball zerstrittener Mitarbeiter machen. Laden Sie die Streithähne zum Klärungsgespräch unter sechs Augen ein.
- Üben Sie, souverän mit Kritik zur eigenen Person umzugehen.
- Das Wichtigste bei Kritik an Ihrer Person: Das Verhalten entspricht nicht der Absicht! Der Kritisierende will Sie nicht persönlich verletzen – er ist lediglich gestresst, verunsichert oder glaubt, dass er nur so seine Ideen kommunizieren kann.
- Reden Sie sich nicht raus. Wenn Sie tatsächlich mal einen Fehler gemacht haben – was am Anfang normal ist –, stehen Sie gegenüber Ihren Mitarbeitern dazu. Das fördert Ihre Autorität.
- Um Konflikte zwischen Mitarbeitern zu klären, benötigen Sie Konfliktkompetenz. Wer ohne Kompetenz Konflikte angeht, eskaliert sie!
- Übung macht den Meister. Für Konfliktkompetenz benötigen Sie Konflikttraining. Es geht leider nicht ohne.

Kommunikation gezielt einsetzen!

Führung ist zu 90 Prozent Kommunikation

Selbstüberschätzung und Führungsfrust liegen im Führungsalltag oft eng beieinander. Auf der einen Seite halten sich viele Manager für geborene Führungskräfte: »Führen kann ich doch – schließlich wurde ich befördert!« Auf der anderen Seite klagen sie noch im selben Atemzug über ihre passiven und denkfaulen Mitarbeiter:

- »Ich muss einige Dinge erst hundertmal ansprechen, bevor sie endlich ausgeführt werden!«
- »Es wird selten so gemacht, wie ich das erwarte.«
- »Ich hab das denen doch erklärt – warum klappt das nicht?«
- »Einige meiner Mitarbeiter verstehen nicht, worum es geht.«
- »Die sind ja so empfindlich. Ständig kriegt einer etwas in den falschen Hals!«
- »Stellen die sich absichtlich dumm oder wollen die mich nur auf den Arm nehmen?«

> Manager halten sich oft für die geborenen Kommunikatoren. Tatsächlich funktioniert die Kommunikation zwischen Manager und Mitarbeiter oftmals eher schlecht als recht.

Viele Führungskräfte bemerken schon wenige Tage nach ihrer Beförderung, dass etwas nicht stimmt. Doch sie glauben, das liege an den Mitarbeitern: »Die werden bald einsehen, dass jetzt ich das Sagen habe!« Das erweist sich in der Regel als Irrtum. Es wird nicht besser, es wird schlimmer. Der Grund ist einfach: Wenn Mitarbeiter nicht das tun, was Sie ihnen sagen, liegt es meist nicht an den Mitarbeitern, sondern daran, wie Sie es ihnen sagen. Anders formuliert: Führung ist zu 90 Prozent Kommunikation. Damit wird Führen relativ einfach: Sobald Sie effektiv kommunizieren (können), können Sie effektiv führen.

Das eine ist ohne das andere nicht möglich. Wann immer die Mitarbeiter nicht das tun, was und wie Sie es von ihnen erwarten, ist Ihre Kommunikationskompetenz noch nicht führungsreif. Kein Wunder: Kommunikationskompetenz erwerben Sie nicht qua Beförderung, sondern nur durch Wissen und Training.

Viele Führungskräfte glauben, »Meine Mitarbeiter verstehen schon, was ich meine!« und lassen schon im nächsten Moment verbale Führungstorpedos vom Stapel, dass Vorgesetzten, Kollegen und Mitarbeitern der Atem stockt. Vermeiden Sie diese in Ihrem Führungsjob.

Katalog der verbalen Führungstorpedos

Jeder Chef hat die Mitarbeiter, die er verdient. Als ein vor wenigen Wochen zum Produktgruppenleiter beförderter Ingenieur sich bei seinem Abteilungsleiter darüber beklagt, dass ihm eben im Meeting einige Mitarbeiter böse in die Parade gefahren seien, fragt der Abteilungsleiter zur Überraschung des 37-jährigen Jungmanagers: »Was genau haben Sie denn gesagt, um Ihre Leute so gegen sich aufzubringen?« Der neue Vorgesetzte ist erstaunt: »Daran habe ich noch gar nicht gedacht, dass ich selbst die Reaktion provoziert haben könnte!«

Der Abteilungsleiter weiß etwas, was der neue Vorgesetzte noch nicht wusste: Wenn ein Mitarbeiter quer schießt, hat ihn der Vorgesetzte oft dazu provoziert. Womit? Mit einem Verbaltorpedo.

Die elf häufigsten verbalen Torpedos

INFO

- Management-Fachausdrücke,
- Anglizismen,
- Abstrakta,
- zu hohe Voraussetzungen,
- ZDF – Zahlen, Daten, Fakten,
- Zutexten,
- Vorwurfshaltung,
- Pauschalwertungen,
- Memoflut,
- zu wenig Hintergrundinformation,
- Lügen.

Egal, was Sie sonst noch an Sinnvollem und Unverfänglichem sagen – wenn Ihnen so ein Torpedo rausrutscht, gehen Motivation und

Produktivität der Mitarbeiter zunächst einmal im freien Fall nach unten. Betrachten wir im Folgenden, wie diese wirken und wie Sie sie vermeiden.

Vermeiden Sie Management-Fachausdrücke

Manager regen sich regelmäßig darüber auf, dass die Mitarbeiter nicht das tun, was von ihnen erwartet wird. Kaum einer denkt daran, dass viele Mitarbeiter schlicht nicht *verstehen*, was von ihnen erwartet wird. Manager reden gerne von Rentabilität, Wertschöpfung oder Prozessketten. Oft benutzen gerade Jungmanager solche Fachausdrücke besonders gerne, weil sie so eindrucksvoll klingen und ihnen, so denken sie, Respekt verschaffen. Das Gegenteil ist der Fall.

> Wer nicht verstanden wird, wird nicht respektiert.

Manager gehen wie selbstverständlich davon aus, dass ihre Mitarbeiter den Management-Slang verstehen. Das ist ein Irrtum. Wissen Sie, was Mitarbeiter mit Fachausdrücken machen, die ihr Chef verwendet?

Neulich verriet uns ein Facharbeiter, dass er und sein Team jedes Mal, wenn der vor wenigen Monaten zum Chef beförderte Ex-Kollege einen Vortrag hält, »Bullshit-Bingo« spielen: »Für jedes Manager-Fremdwort, das er verwendet, gibt es einen Punkt.« Was der neue Chef zu sagen hat, bekommt kaum einer mit: »Wenn es wichtig wäre, würde er es bestimmt auf Deutsch sagen.« Überflüssig zu sagen, dass der Vorgesetzte bereits am Verzweifeln ist, warum seine Mitarbeiter nichts verstehen, obwohl er ihnen doch ständig die Bedeutung einer »shareholder-orientierten Marktstrategie« erklärt.

> Verwenden Sie Management-Fachausdrücke nur, wenn Sie beeindrucken, aber nicht verstanden werden wollen.

Fragen Sie sich: Was möchte ich in der konkreten Situation? Eindruck schinden? Oder die Mitarbeiter dazu bringen, das zu tun, was ich von ihnen erwarte? Setzen Sie Fachausdrücke nicht unbedacht und automatisch ein, sondern wohl überlegt. Natürlich: Um sich verständlich auszudrücken, müssen Sie die Fachausdrücke erst einmal in gutes Deutsch übersetzen. Das macht ein wenig Mühe. Aber immer noch weitaus weniger Mühe, als sich mit Mitarbeitern auseinander zu setzen, die nicht tun, was Sie von ihnen erwarten. Wenn Sie sich bei der Übersetzung schwer tun: Auch das ist normal. Viele Management-Fachausdrücke sind inhaltslose Leerformeln, die man beim Übersetzen am besten durch etwas Sinnvolles ersetzt. Sie werden sehen: Mit der Zeit bekommen Sie Übung im Übersetzen.

Streichen oder übersetzen Sie Anglizismen

Public Relations, Cash Flow, Cash Cow, Feasibility, Balanced Scorecard, Supply Management, Target Costing, Budgeting ... Hört sich alles mächtig imposant an – doch verstehen tun die Begriffe oft noch nicht einmal die, die sie verwenden, geschweige denn ihre Mitarbeiter. Der Image-Schaden ist beträchtlich. Oft denken die Mitarbeiter nur: »Was für ein aufgeblasener Kerl!« Obwohl an unseren Schulen Englisch unterrichtet wird, haben immer noch die weitaus meisten Menschen eine Abneigung gegen fremdsprachige Begriffe.

Wenn es ein gutes deutsches Wort für den Anglizismus gibt, verwenden Sie den deutschen Begriff.

Sagen Sie zum Beispiel:

- Öffentlichkeitsarbeit statt Public Relations;
- Veränderungsarbeit oder -projekte statt Change Management;
- Buchhaltung statt Accounting;
- Schlüsselkunde statt Key Account;
- Netzwerk statt Network;
- schlanke Produktion statt Lean Production.

Sprechen Sie deutsch – es sei denn Ihre Mitarbeiter benutzen alle ganz selbstverständlich den Anglizismus. Sie finden es ein wenig umständlich, derartige Wortklauberei zu betreiben? Dann bedenken Sie: **Das Wort ist mächtiger als das Schwert.**

Ein deutscher Kfz-Konzern, der bekannt für seine Schaumlawine von Anglizismen ist, bekam vor Jahren die Quittung, als er sein neues Verwaltungszentrum eröffnete. Die Mitarbeiter nennen es nur »Bullshit-Castle«. Möchten Sie mit so einem Image Ihre Abteilung führen? Nein? Dann achten Sie auf Ihre Anglizismen.

Reden Sie nicht abstrakt, wenn Sie etwas Konkretes wollen

Innovationskraft, Marktdynamik, Globalisierung, Systeme, Wertorientierung, Wertschöpfung, Zukunftsorientierung ... – alles große und eindrucksvolle Begriffe, bei denen sich jeder, der sie hört, unbewusst fragt: »Was soll denn das nun wieder heißen?« Jeder verwendet diese Begriffe, aber kaum einer weiß, was sie bedeuten. Dafür sind sie zu abstrakt; deshalb heißen sie so: Abstrakta. Deutschlehrer benutzen zur Veranschaulichung gerne folgenden Merksatz: Alles, was Sie nicht in eine Schubkarre laden und wegkarren können, ist ein Abstraktum.

Beachten Sie: Abstrakta sind gut für Sonntagsreden.

Denn mit Sonntagsreden kann und will man nichts Konkretes erreichen. Bei Sonntagsreden schläft jeder gut – eben weil sie nichts Konkretes enthalten. Wenn Sie dagegen möchten, dass Ihre Mitarbeiter wirklich etwas Konkretes tun, dann verwenden Sie nichts Abstraktes. Wer abstrakt redet, wird Unverständnis ernten. Wer konkret redet, wird mit Konkretem belohnt. Natürlich sind Abstrakta bequem – doch bedenken Sie: Was möchte ich haben? Bequemlichkeit oder Erfolg?

Setzen Sie nicht zu viel voraus

Neulich klagte eine Jungmanagerin: »Wie kann der Meier (einer ihrer Mitarbeiter) noch vor Abschluss des Preiswettbewerbs mit einem Lieferanten verhandeln?« Aus einem einfachen Grund: Herr Meier ist Konstrukteur. Er ist kein Manager. Er weiß nicht, dass im Standardangebotsprozess erst der Zuschlag abgewartet werden muss, bevor man mit einzelnen Lieferanten »ans Eingemachte« geht.

Viele Führungskräfte setzen häufig unbewusst voraus, dass Prozesse und Methoden des Managements ihren Mitarbeitern bekannt sein müssten. Doch woher soll ein normaler Mitarbeiter das wissen? Das ist nicht seine Arbeit, nicht seine Sprache, nicht seine Welt. Dafür wird er nicht bezahlt. Wie können Sie es bemerken, wenn Sie einen Mitarbeiter kommunikativ überfordern? Ganz einfach: Schauen Sie dem Mitarbeiter ins Gesicht, wenn Sie mit ihm reden.

Es steht Menschen buchstäblich ins Gesicht geschrieben, wenn sie Ihnen nicht folgen können. Der Blick wird leer, die Augen werden groß, manche verziehen den Mund ... Haken Sie sofort nach: »Was genau ist Ihnen unklar?« So einfach diese Frage ist, die meisten Manager stellen sie nicht. Warum nicht? Weil sie denken: »Der versteht mich schon!«, oder: »Der kapiert das auch noch!« Gefährliche Gedanken. Denn wer muss das letztendlich ausbaden? Richtig. Sie.

Sprechen Sie die Sprache des Mitarbeiters

Bereits an dieser Stelle können Sie das Geheimnis erfolgreicher Kommunikation erkennen:

Sprechen Sie die Sprache des Mitarbeiters! Das ist das ganze Geheimnis!

Das wusste schon Luther, als er sagte, man müsse dem Volk »aufs Maul schauen«, wenn man verstanden werden will. Denn was das Volk nicht kennt, darauf hört es nicht. So einfach ist das. Trotzdem schaffen es nur die guten Führungskräfte, über ihren Schatten zu springen und die Sprache der Mitarbeiter zu sprechen. Über diese Führungskräfte sagen die Mitarbeiter dann: »Der nimmt uns ernst. Der spricht unsere Sprache.« Das könnten Ihre Mitarbeiter bald schon über Sie sagen ...

ZDF – Zahlen, Daten, Fakten

Für Manager sind Tabellen, Schaubilder und Diagramme Tagesgeschäft. Deshalb verwenden sie sie ganz selbstverständlich. Sie vergessen dabei: Für die meisten Mitarbeiter sind diese böhmische Dörfer. Die meisten Menschen wissen nicht, wie man eine Matrix (Tabelle mit zwei Eingängen) liest. Sie versuchen es gleich gar nicht. Sie lesen einfach drüber weg. Schade. Denn so erfahren sie nie, was der Chef von ihnen will. Und der Chef wundert sich natürlich, warum die das nicht verstehen, obwohl er es ihnen doch mit harten Zahlen, Daten und Fakten (ZDF) präsentiert.

! Daher: ZDF nur nach dem KUSS-Prinzip: Kurz und sehr simpel!

Also: Nur ganz kleine Tabellen. Nur Schaubilder mit wenigen Zahlenreihen. Nur wenige Zahlen auf einmal. Nichts Ausgefallenes wie beispielsweise ein Kuchendiagramm mit zwölf Kuchenstückchen. Keine komplexen Zusammenhänge. Und vor allem: Alles, was Sie zeigen, müssen Sie auch erklären können!

Es genügt nicht, darauf zu verweisen: »Das finden Sie alles in der Tabelle!« Eine Tabelle, die Sie nicht erklärt haben, gilt als nicht vorhanden – zumindest für viele Mitarbeiter. Möglicherweise finden Sie das umständlich. Doch das sind die betrieblichen Realitäten. Sie können sie ignorieren und unverstanden bleiben. Oder Sie können sie akzeptieren und erfolgreich sein. Ihre Wahl.

Übrigens: Vor allem junge Manager legen ZDF oft unkommentiert vor – weil sie diese selbst nicht verstehen. Das ist keine Schande. Mit der Beförderung bekommen Sie ja nicht automatisch ein BWL-Diplom. Daher:

Imponieren Sie Ihren Mitarbeitern nur mit dem, was Sie auch verstehen und erklären können. Präsentieren Sie ZDF erst dann, wenn Sie diese erklären können.

Kommunikation entsteht beim Empfänger

In unseren Führungsseminaren melden sich an dieser Stelle oft junge Führungskräfte und sagen: »Warum soll ich meine Sprache ändern? Die Mitarbeiter sollen sich anstrengen, damit sie kapieren, was ich sage! Die grundlegenden betrieblichen Zusammenhänge müssen sie doch auch verstehen!« Verständlicher Standpunkt. Der Haken daran ist lediglich:

Wenn ein Mensch Sie nicht versteht, können Sie ihn nicht dazu zwingen.

Deshalb sagt die Kommunikationstheorie: Kommunikation entsteht beim Empfänger. Der Empfänger entscheidet, ob er etwas versteht oder nicht. Tun Sie ja auch, oder? Also weshalb soll für Ihre Mitarbeiter etwas anderes gelten? Wenn ein Mensch Sie nicht versteht, bleibt Ihnen nur übrig, so zu reden, dass er Sie versteht.

Zugegeben: Das ist ein gewöhnungsbedürftiges Kommunikationsprinzip, das übrigens in der Alltagskommunikation auch selten beachtet wird. Doch es ist ein gültiges Prinzip. Es ist eben ein Irrtum, anzunehmen, dass Ihre Mitarbeiter Sie automatisch verstehen, nur weil Sie alle dieselbe Sprache sprechen ...

Kommen Sie zum Punkt!

Oft berichten uns Mitarbeiter: »Heute hat der Chef wieder eine seiner berühmten Reden geschwungen. Wir saßen baff da und fragten uns: Sollen wir bloß zuhören oder erwartet er auch etwas von uns? Hinterher sagte der Chef dann: ›Sie wissen jetzt, was zu tun ist.‹ Also von uns weiß es keiner.«

Warum nicht? Weil der Jungmanager nicht auf den Punkt kam. Er redete lang und breit, er »textete zu«, doch er hat sich vor seiner Rede offensichtlich nicht gefragt: Was will ich mit der Rede erreichen? Bloß Information? Oder Zustimmung? Vorschläge? Oder eine konkrete Bemühung der Mitarbeiter?

Überlegen Sie daher, bevor Sie kommunizieren, was Sie erreichen wollen. Vor allem: Sprechen Sie diesen Punkt explizit an!

Also zum Beispiel: »Ich erwarte von Ihnen, dass Sie ab sofort alle B-Projekte mit einer zusätzlichen Risiko-Analyse ausstatten, wie ich Sie im Folgenden erläutern werde.« Oder: »Ich erwarte, dass Sie gut zuhören und sich die wichtigsten Informationen zur aktuellen Absatzentwicklung notieren.«

Die meisten Manager merken sehr wohl, dass die Mitarbeiter sich fragen: »Was sollen wir eigentlich mit dem anfangen, was er sagt?« Sie spüren die fragenden Blicke, die latente Unsicherheit – und erklären es nochmals und nochmals und nochmals ... Anstatt klar und deutlich, offen und kurz auf den Punkt zu kommen und zu sagen, was sie von den Mitarbeitern erwarten.

Bitte keine Vorwurfshaltung!

Wie reagieren viele Führungskräfte, wenn sie bemerken, dass ihre Mitarbeiter nicht das tun, was erwartet wird? Ganz (selbst)verständlich mit offenen oder verdeckten Vorwürfen:

- »Die andern Projekte sind viel weiter. Warum Ihres nicht?«
- »Vielleicht klappt das ja auch mal bei Ihnen.«
- »Na ja, wenn das das Beste ist, was Sie hinbekommen ...«
- »Einem alten Hund bringt man keine neuen Tricks mehr bei.«
- »Wird das heute noch was?«
- »Vielleicht könnten Sie sich das nächste Mal einfach auf Ihre Präsentation vorbereiten.«
- »Probieren Sie es doch einmal mit Denken. Soll manchmal helfen.«

Viele Manager haben eine Schwäche für einen flotten Sprachstil, gespickt mit Ironie, Zynik und Sarkasmus. Das ist chic, das peppt, das entspricht dem Zeitgeist. Die Sachbotschaft kommt dabei auch einwandfrei rüber: Der Mitarbeiter weiß, was er falsch gemacht hat. Aber er macht es danach nicht wirklich besser. Weil er sich sehr ärgert, dass er so von oben herab behandelt wurde. Er reagiert mit Demotivation und oft auch mit einer Trotzhaltung: »Jetzt mache ich es erst recht nicht richtig!« Wenn wir im Seminar reale Dialoge zwischen Führungskräften und Mitarbeitern durchgehen, sind viele Vorgesetzte über die Trotzreaktion verblüfft: »Sind Mitarbeiter wirklich so schnell eingeschnappt?« Viele sagen auch: »Aber warum sagt der Mitarbeiter denn nicht, dass er sich auf den Schlips getreten fühlt? Mit mir kann man doch reden!« Das ist eine irrige Vorstellung. Dem Chef sagen, dass sein Sarkasmus persönlich beleidigend ist? Das wagt kein normaler Mitarbeiter.

Ein Vorgesetzter darf gegenüber Mitarbeitern Ironie, Zynik und Sarkasmus nicht verwenden.

Was dann? Klare Sachaussagen: »Ich hatte den Eindruck, dass Sie nicht ausreichend auf Ihre Präsentation vorbereitet waren. Beim nächsten Mal integrieren Sie bitte die Quartalszahlen und die aktuellen Verkaufsberichte in Ihre Präsentation.«

Vermeiden Sie pauschale Bewertungen

- »Ihre Präsentation hatte einfach zu wenig Biss!«
- »Jeder normale Mensch weiß doch, wie das geht.«
- »So geht das einfach nicht! Machen Sie das nochmals!«
- »Was soll dieses völlig planlose Vorgehen?«
- »Da fehlt der klare logische Aufbau.«

Das mag alles sachlich zutreffen – doch was soll der Mitarbeiter daraufhin tun? Wüssten Sie es, wenn man Sie mit solchen Pauschalwertungen konfrontieren würde? Sicher nicht. Also woher soll es der Mitarbeiter wissen? Der Mitarbeiter weiß nach Pauschalwertungen nicht, was sein Chef meint, was er von ihm erwartet. Er fühlt sich fertig gemacht. Das sollte jedoch nicht das Ziel einer Führungskommunikation sein. Vorsicht: Viele Führungskräfte benutzen dieses Fehlmuster der Kommunikation ganz automatisch. Sie sagen zum Beispiel: »Der Mitarbeiter weiß schon, was gemeint ist.« Aber da machen sie es sich zu bequem. Schon einfaches Nachfragen belegt: Die Mitarbeiter wissen es eben nicht.

! Vermeiden Sie Pauschalbewertungen. Kommunizieren Sie konkrete Erwartungen.

Sagen Sie also zum Beispiel nicht: »Sie haben das voll versiebt.« Die Sie-Botschaft darin ist sowieso eine Todsünde, weil sie ein unverhohlener Vorwurf ist – und Vorwürfe provozieren eine Trotzhaltung. Diese Kommunikation erzielt eine bessere Wirkung: »Ich bin enttäuscht von Ihrem letzten Kundengespräch. In Ihrem Besuchsbericht vermisse ich die Behandlung der drei erkennbaren Kundeneinwände. Bitte legen Sie mir schriftlich eine Gegenargumentation vor, nehmen Sie diese zu Ihren Verkaufsunterlagen und verwenden Sie sie künftig so, dass ich das dem Gesprächsbericht entnehmen kann.« Das klingt ganz anders, nicht wahr? Schon beim Lesen hat man das Gefühl, dass diese Jungführungskraft ganz genau weiß, was sie will – und es auch bekommen wird! Weil ihre Kommunikation klar und konkret ist. Führung ist Kommunikation. Kommunikationserfolg ist Führungserfolg ist Karriereerfolg.

Keine Memoflut!

Manager wollen zeigen, dass sie etwas bewegen. Deshalb verbreiten sie oft wegen jeder Kleinigkeit ein Memo, eine E-Mail oder eine andere schriftliche Benachrichtigung an ihre Mitarbeiter. Weil viele Mitarbeiter ihren Vorgesetzten oft dabei über einen längeren Zeitraum kaum mehr zu Gesicht bekommen, nennt man das auch »Management by E-Mail« oder »Memo-Management«. Die Annahme dahinter: »Wenn ich ein Memo schreibe, dann ist die Sache vom Tisch und der Adressat kümmert sich darum.« Irrtum. Der Adressat liest wegen der Memoflut die Mitteilung überhaupt nicht mehr oder überfliegt sie nur oder fühlt sich vom Chef unter Druck gesetzt, verliert ob der Memoflut den Überblick und ist im Übrigen enttäuscht vom Chef: Er erwartet den persönlichen Kontakt zu seiner Führungskraft, und was bekommt er? Unpersönliche Mitteilungen »wie vom Finanzamt«, wie eine Sachbearbeiterin jüngst meinte.

Wer gerne Memos und E-Mails schreibt, zeigt nicht Führungskompetenz, sondern kaschiert eine Schwäche im persönlichen Kontakt.

Bevor Sie sich ans Keyboard setzen, überlegen Sie deshalb: Ist eine schriftliche Mitteilung überhaupt nötig? Wäre ein persönlicher Kontakt oder ein Telefonat nicht schneller, einfacher und vor allem effektiver? Wenn sich eine E-Mail schon nicht vermeiden lässt, wie können Sie sie so formulieren, dass Sie wegen übersehener Unklarheiten nicht noch drei E-Mails zur näheren Erläuterung hinterherschicken müssen? Wer muss die E-Mail überhaupt lesen? In der Regel kaum die Hälfte der Adressaten. Und überhaupt: **Bei Delegationen verbietet sich die Schriftform.**

Delegationen sollten mündlich und persönlich erfolgen, da nur so Rückfragen effizient und effektiv beantwortet werden und Sie nur so nachprüfen können, ob der Mitarbeiter Ihre Delegation verstanden hat und in der Lage ist, sie auszuführen. Genauso selbstverständlich ist dabei jedoch, dass Sie die Eckpunkte der Delegation schriftlich festhalten, damit danach jeder auf einen Blick sehen kann, was vereinbart wurde und was daher beim vereinbarten Kontrolltermin kontrolliert wird.

Mehr Hintergrundinformation liefern

Wenn Mitarbeiter nicht das tun, was Chefs von ihnen erwarten, wird den Mitarbeitern oft und gerne Passivität und mangelnde Motivation unterstellt. Tatsächlich fehlt den Mitarbeitern jedoch in der Regel ausreichend Information für ausreichend Motivation.

Die Mitarbeiter wissen in der Regel, was sie bis wann machen müssen. Damit ist Klarheit geschaffen, Motivation noch nicht. Für eine ausreichende Motivation brauchen Mitarbeiter auch Informationen über Sinn und Zweck. Der Mensch ist ein Sinntier. Eine sinnlose Arbeit motiviert ihn nicht. Die meisten Mitarbeiter wissen eben nicht, warum, wozu und aus welchem Anlass oder Grund sie das tun, was sie tun sollen. Was damit erreicht oder vermieden werden soll. Sie wissen nicht, was das dem Unternehmen, der Abteilung, anderen Abteilungen, dem Kunden und vor allem ihnen selbst, ihrer Arbeitsplatzsicherheit oder ihren anderen Arbeitsmotiven nützt: Kein Nutzen – keine Motivation! Der Vorgesetzte gibt ihnen nicht die nötige Sinn-Information. Warum nicht? Weil viele Vorgesetzte annehmen: »Aber das ist doch klar, wozu wir das machen!« Dem Chef vielleicht – den Mitarbeitern jedoch nicht. Also sagen Sie's ihnen; aber mit KUSS: kurz und sehr simpel.

Keine Lügen!

- »Wir müssen nicht entlassen!« und drei Wochen später liegen die ersten Kündigungen in den Briefkästen.
- »Momentan wird niemand eingestellt – aber bald bekommen wir wieder mehr Personal!« Diese Lüge wird zurzeit großflächig verbreitet. Sie erzielt durchaus ihre Wirkung: Die Mitarbeiter engagieren sich trotz Unterbesetzung. Doch nach einigen Monaten stellen sie fest, dass das alles nicht stimmt, und machen verbittert Dienst nach Vorschrift.

Das ist typisch für Lügen: Sie haben kurze Beine. Sie wirken einige Zeit – doch wenn sie ans Tageslicht kommen, sinken die Produktivität und das Ansehen des Vorgesetzten. Viele Manager lügen, weil sie sich nicht anders zu helfen wissen, weil es bequem ist oder weil sie irrtümlich annehmen, damit davonkommen zu können. Im Endeffekt schaden sie sich damit selbst am meisten.

! Bleiben Sie unbedingt bei der Wahrheit – oder schweigen Sie.

Viele frisch Beförderte wollen es besonders gut machen: »Aber die Wahrheit ist hart. Die Mitarbeiter vertragen das nicht!« Deshalb schwindeln sie ein bisschen, um die harte Wahrheit abzumildern. Das ist gut gemeint, zahlt sich jedoch nicht aus. Denn Lügen kommen irgendwann immer ans Tageslicht. Und wenn sie das tun, bedanken sich die Mitarbeiter nicht dafür, dass der Vorgesetzte sie mit der Wahrheit so lange verschonte, sondern sie denken und sagen: »Er hat uns die ganze Zeit über angelogen. Das heißt, dass er uns nicht ernst nimmt. Wir sind für ihn nur Mittel zum Zweck. Er macht Karriere, und wir werden geopfert.« Damit sind die Karriereaussichten des Chefs beschädigt. Denn Karriere ist gegen die eigenen Mitarbeiter langfristig nicht machbar.

Checkliste: Verbaltorpedos

- ☐ Vermeiden Sie Management-Fachausdrücke im Umgang mit Mitarbeitern. Übersetzen Sie Management-Buzzwords in die Mitarbeitersprache.
- ☐ Streichen oder übersetzen Sie Anglizismen im Umgang mit Mitarbeitern – es sei denn, sie benutzen sie auch.
- ☐ Reden Sie konkret, wenn Sie Konkretes von Mitarbeitern erwarten. Konkret heißt: Erwartungen kommunizieren.
- ☐ Fragen Sie sich bei der Kommunikation immer wieder: Setze ich zu viel an Vorwissen und Verständnis voraus?
- ☐ Schütten Sie Mitarbeiter nicht mit Zahlen, Daten, Fakten zu. ZDF immer nur so wenig und einfach wie möglich und immer per KUSS-Prinzip erklären.
- ☐ Kommen Sie auf den Punkt und reden Sie nicht darum herum.
- ☐ Ironie, Zynik und Sarkasmus sind Todsünden im Umgang mit Mitarbeitern. Wer Erwartungen klar kommunizieren kann, hat das nicht nötig.
- ☐ Keine Pauschalwertungen; immer konkrete Erwartungen.
- ☐ Stoppen Sie die Memoflut! Kommunizieren Sie persönlich.
- ☐ Je motivierender die Hintergrundinformation, desto motivierter die Mitarbeiter.
- ☐ Lügen Sie nicht. Bleiben Sie bei der Wahrheit – oder schweigen Sie einfach.

Das Kapitel auf einen Blick: Führung ist Kommunikation

- Gehen Sie niemals davon aus: »Meine Mitarbeiter verstehen mich schon. Die wissen schon, was ich meine!« Das tun sie in der Regel nicht. Denn:
- Das Missverständnis ist in der Kommunikation die Regel, nicht die Ausnahme.
- Je unmissverständlicher und gleichzeitig beziehungsfreundlicher Sie kommunizieren, desto effektiver führen Sie.
- Wenn Sie mit Mitarbeitern sprechen, sprechen Sie die Sprache der Mitarbeiter.
- Denn nur was verstanden wird, wird gemacht.
- Wenn ein Mitarbeiter nicht das tut, was Sie ihm sagen, liegt es in der Regel nicht am Mitarbeiter, sondern daran, wie Sie es ihm sagen.
- Wenn Sie jemand nicht versteht, können Sie ihn nicht zwingen, Sie zu verstehen: Kommunikation entsteht beim Empfänger.
- Sie können lediglich so klar und konkret reden, dass er Sie versteht.
- Mit Kommunikationskompetenz wird kein Manager geboren. Sie wird nicht per Beförderung verliehen. Jeder, der darüber verfügt, hat sie sich in Eigenarbeit erworben.

Karrierechancen richtig einschätzen

Wie sind Ihre Karrierechancen?

Zu den tragischsten Fehleinschätzungen neuer Führungskräfte zählt die falsche Einschätzung ihrer Karrierechancen. Die meisten glauben genau zu wissen, worauf es in ihrer neuen Position ankommt: »Nur die Leistung zählt!« Weil sie das glauben, verausgaben sie sich, machen viele Überstunden, vernachlässigen Privatleben und Familie und erbringen beachtliche Leistungen – anerkannt und befördert werden jedoch oft andere. Meist haben diese Bevorzugten nicht einmal annähernd die Ergebnisse des leistungsorientierten Managers gebracht! Trotzdem bekommen sie die Beförderung oder die Anerkennung, die Privilegien und Statussymbole, die guten Jobs und die wichtigen Projekte, die Prestigekunden, den Firmenparkplatz direkt vor dem Haupteingang oder den höheren Jahresbonus. Viele Jungmanager verstehen in solchen Augenblicken die Welt nicht mehr. Dabei ist die Sache relativ einfach.

Erkennen Sie so früh wie möglich: Nicht wer gut ist, bringt es weiter, sondern wer gut ist, auffällt und Beziehungen hat!

Zeigen Sie auch, wie gut Sie sind!

Es reicht eben nicht, Leistung zu bringen; so hart das klingt. Es reicht nicht, gut zu sein – Sie müssen es auch zeigen! Für die berufliche Anerkennung und das Vorwärtskommen entscheidend sind zu 20 Prozent Leistung und Können, 80 Prozent Selbstdarstellung und gute Beziehungen.

Sie finden das ungerecht? Das kann durchaus so empfunden werden. Es ist auf der anderen Seite jedoch logisch: Wie soll ein Topmanager erkennen, dass eine neue Führungskraft hoch kompetent ist, wenn diese überhaupt nicht auffällt?

Möchten Sie im Beruf Anerkennung ernten, bringen Sie einerseits gute Leistungen, machen Sie andererseits auf sich aufmerksam und lernen Sie die richtigen Leute kennen. Wenn Sie Anerkennung für Ihre Leistung möchten: Setzen Sie die richtigen Prioritäten!

So einfach diese Empfehlung ist, viele frisch Beförderte zeigen deutliche Defizite bei Selbstpräsentation und Netzwerkbildung. Warum? Weil sie ihre Prioritäten falsch setzen. Sie investieren 95 Prozent ihrer Zeit, Aufmerksamkeit und Energie in das Erbringen von Leistung, jedoch nur fünf Prozent in die eigene Präsentation und ins Networking. Kein Wunder, dass nach der ersten Beförderung das Vorwärtskommen oft ins Stocken gerät und die Anerkennung von oben spärlich fließt oder ganz ausbleibt.

Checkliste: Prioritäten richtig setzen

- [ ] Bringen Sie nicht Leistung, sondern vorzeigbare Leistung.
- [ ] Beachten Sie die Management-Spielregeln!
- [ ] Karriere passiert nicht, sie wird geplant.
- [ ] Erlernen Sie, was im Führungsjob gefordert ist.
- [ ] Investieren Sie in Ihre Selbstpräsentation!
- [ ] Wenn Sie sprechen, sprechen Sie wie eine Führungskraft!
- [ ] Richten Sie Ihr Büro neu ein!
- [ ] Stehen Sie zu Statussymbolen!
- [ ] Networken Sie!

Jede dieser Prioritäten werden wir im Folgenden genauer betrachten.

Bringen Sie vorzeigbare Leistung!

»Nur die Leistung zählt!« – das glauben viele junge, dynamische und ehrgeizige Führungskräfte. Doch so stimmt das nicht. Es fehlt ein Wort: Nur *vorzeigbare* Leistung zählt. Was neue Vorgesetzte als Leistung betrachten und worauf sie stolz sind, ist in den Augen ihrer eigenen Vorgesetzten oft keine oder eine nachrangige Leistung.

Tun Sie, was Sie für richtig halten. Aber tun Sie vor allem, was Ihr Chef für wichtig hält!

Tun Sie, was *nötig* ist. Aber packen Sie vor allem auch Aufgaben und Projekte an, die *erwartet* werden – von Ihrem Chef erwartet werden! Sie wissen nicht, welche das sind? Das geht vielen Führungskräften so. Denn in vielen Unternehmen existieren heute immer noch keine expliziten Anforderungsprofile für Führungskräfte, keine formalen Aufgabenstellungen, Prioritätenlisten oder Zielsysteme. Klagen Sie nicht – besorgen Sie sich die nötigen Informationen. Information ist auch Holschuld. Holen Sie die Erwartungen Ihrer Chefs ein. Fragen Sie sie nach ihren Prioritäten und Zielen, betreiben Sie Auftragsklärung wie gegenüber Kunden (Ihre Chefs sind Ihre wichtigsten internen Kunden). Dabei schlagen Sie zwei Fliegen mit einer Klappe: Sie bringen in Erfahrung, was von Ihnen erwartet wird, und Sie machen einen guten Eindruck. Ihr Chef wird denken: »Der Neue packt an, engagiert sich, denkt unternehmerisch!« Damit empfehlen Sie sich zu Höherem und für die verdiente Anerkennung.

Vorsicht, neue Spielregeln!

Viele Neulinge in der Führungsverantwortung übersehen, dass in ihrer neuen Funktion völlig neue Spielregeln gelten. Sie engagieren sich nach Kräften und verstehen nicht, warum ihnen die verdiente Anerkennung versagt wird. Dabei ist die Antwort einfach: Weil sie gegen Spielregeln verstoßen. Betrachten wir einige der wichtigsten Regeln, die im Management gelten.

- **Wenn Sie führen, kleiden Sie sich auch so.** Viele Ingenieure, die zum Vorgesetzten befördert wurden, kleiden sich weiter wie Ingenieure. Das fällt ihnen kaum auf – dafür umso mehr ihren Vorgesetzten, Kunden und Mitarbeitern. Das gibt ein schlechtes Image ab. Also: Wer Vorgesetzter ist, sollte auch so aussehen.
  Sehen Sie nicht wie ein Vorgesetzter aus, denken Ihre Führungskollegen: »Der gehört wohl nicht zu uns!« Damit tun Sie sich und Ihrer Akzeptanz unter den Kollegen keinen Gefallen. Schauen Sie sich um: Welcher Dresscode gilt unter den Kollegen? Kleiden Sie sich so, dass Sie dazu passen, dazugehören. Welche Accessoires und Statussymbole gehören in Ihrer Firma zur Ausstat-

tung von Führungskräften? Und welche auf keinen Fall? Selbstverständlich dürfen Sie innerhalb dieser inoffiziellen Kleiderordnung Ihren eigenen Stil pflegen.

- **Verschonen Sie erfahrene Manager mit Ihrem Rat.** Viele Jungmanager reden zu viel in Themen rein, zu denen sie zwar Wissen, aber nur geringe Erfahrung haben. Das verärgert jene Manager, die schon länger in Führungspositionen sind. Das bedeutet: Halten Sie sich in Meetings in den ersten Monaten vornehm zurück. Reden Sie mit, aber vermeiden Sie alles, was den Eindruck erwecken könnte, Sie missachteten die Erfahrung der gestandenen Manager. Das kommt bei älteren Kollegen oft als mangelnder Respekt und voreiliges Vorpreschen an: »Was bildet der Jungspund sich eigentlich ein? Noch feucht hinter den Ohren, aber hier schon die dicke Lippe riskieren!« Was dagegen angenehm ankommt: Intelligente und interessierte Fragen stellen. Das zeigt erstens Engagement, zweitens Respekt und drittens Sachkenntnis.
- **Arbeiten Sie zielorientiert!** Etliche, die eben erst befördert wurden, arbeiten so weiter, wie sie es gewohnt sind: Sie erledigen eben ihre Arbeit. Sie laufen mit im Rudel. Mit dieser Einstellung gerät man fast zwangsläufig ins Hintertreffen. Führen ist etwas anderes als »normales« Arbeiten. Im Management ist alles viel kompetitiver, erfolgs- und zielorientierter, ehrgeiziger. Das erkennen Sie an Management-Sprüchen wie: »Es zählt nur, was dabei rauskommt!« – »Das muss sich rechnen!«
- **Erzählen Sie Ihre Ideen nicht jedem!** Neue Führungskräfte beschweren sich oft, dass man ihnen schon wieder eine Idee geklaut hat, mit der sich jetzt ein Kollege oder Vorgesetzter brüstet und dafür Anerkennung bekommt, die eigentlich ihnen zustehen würde! Unser Rat: Behalten Sie (in Vier-Augen-Gesprächen) gute Ideen für sich – so lange, bis Sie sie auf eine Weise (vor Publikum oder schriftlich) präsentieren, die keinen Zweifel daran lässt, wer der Urheber ist. Wissen ist Macht.
- **Kennen Sie die richtigen Leute.** Viele Manager setzen aufs falsche Pferd und geben sich mit den falschen Leuten ab. Finden Sie heraus: Wer ist in meiner Firma für meine Position wichtig? Wer nicht? Wer steht mit wem gut? Welche Manager bekämpfen sich?

Wer ist auf dem absteigenden Ast? Wer ist der kommende Mann? Wie ist die informelle Hierarchie besetzt? Wer sitzt am kleinen Dienstweg? Finden Sie in Meetings heraus: Wer sind die Alpha-Tiere? Wem sollte ich laut beipflichten und bei wem mich eher bedeckt zeigen? In wessen Projektteams sollte ich mitarbeiten?

- **Finden Sie heraus, warum Sie befördert wurden.** Wer vom Größenwahn befallen ist, nimmt gerne an, dass er befördert wurde, eben weil er so gut ist. Das kann, das muss aber nicht sein. Vielleicht wurden Sie befördert, weil man in Ihnen das große Zugpferd für Ihren Führungsbereich sieht und wahre Wunder von Ihnen erwartet? Oder weil alle anderen Kandidaten vorher abgesagt haben? Finden Sie heraus: Bin ich Wunschkandidat oder Lückenbüßer? Platzhalter für den eigentlichen Kandidaten, der mich in einem Jahr ersetzen soll? Bin ich wichtig, geduldet oder belächelt? Hören Sie sich um. Was sagen die Kollegen und der Flurfunk? Finden Sie heraus, warum Ihr Vorgänger ging. Achten Sie besonders auf Andeutungen, die hier und da fallen.
- **Es gibt keine Schonfrist!** Viele, die gerade aufgestiegen sind, denken: »Ich bin eben erst befördert worden – da muss ich nicht gleich alles auf den Kopf stellen! Erst mal in aller Ruhe einarbeiten.« Das klingt vernünftig, ist es aber nicht: Im Management gibt es nicht wie in der Politik die Schonfrist der ersten 100 Tage. In der Führung erwartet man von Ihnen vom ersten Tag an entscheidende Impulse. Sonst fragt sich Ihr Vorgesetzter unweigerlich: »Lange nichts mehr von ihm gehört – warum eigentlich haben wir ihn befördert?«

Karriere passiert nicht, sie wird geplant

Viele Männer und Frauen, die die erste Stufe der Karriereleiter erklommen haben, sind hoch motiviert, stürzen sich förmlich in die Arbeit und wundern sich nach einiger Zeit zunehmend, warum es nach der ersten Stufe nicht weitergeht.

> ! Karriere passiert nicht, sie wird gemacht.

Wenn Sie weiterkommen möchten, sollten Sie das selbst in die Hand nehmen und nicht den Vorgesetzten überlassen. Karriere ist das Ergebnis von Karriereplanung. Es gibt auch Zufallskarrieren. Aber möchten Sie darauf warten, dass Ihnen der Zufall hold ist?

Checkliste: Karriereplanung

Karriereplanung ist der Grundstock jeder Karriere. Planen Sie:

- ☐ Will ich es überhaupt weiter bringen? Oder bin ich ganz glücklich hier, wo ich jetzt bin? Falls Sie die letzte Frage bejahen, ist Ihre Karriereplanung für das laufende Jahr beendet. Stellen Sie sich die Frage wieder im nächsten Jahr – aber warten Sie nicht zu lange mit dem nächsten Karriereschritt; Sie könnten irgendwann den Zug verpassen.
- ☐ Wo genau möchte ich hin?
- ☐ Ist das in dieser Firma möglich?
- ☐ Wer sitzt auf meinem nächsten Wunschposten? Wird die Position überhaupt auf absehbare Zeit frei?
- ☐ Wie komme ich da hin, wo ich hin möchte? Was ist nötig dafür? Wie kam der Vorgänger dahin?
- ☐ Wie kann ich die maßgeblichen Manager darauf aufmerksam machen, dass ich das kann, was für meine Wunschposition nötig ist?
- ☐ Wie signalisiere ich meinem derzeitigen Vorgesetzten zu gegebener Zeit, dass ich aufsteigen möchte? Kann er mir dabei hilfreich sein oder würde er mich eher halten wollen?
- ☐ Wem signalisiere ich wann und wie, dass ich bereit bin, mehr Verantwortung zu übernehmen?
- ☐ Bin ich bereit, die Kosten des nächsten Karriereschritts zu tragen? Überstunden, Wochenendarbeit, mehr Druck, weniger Privatleben ...

Lernen Sie die nötigen Fähigkeiten

Je stärker Führungskräfte von anfänglicher Selbstüberschätzung geblendet sind, desto stärker übersehen sie, dass für ihre neue Aufgabe ganz neue Fähigkeiten verlangt werden: Führungskompetenz und kommunikative Fähigkeiten, Beherrschen betriebswirtschaftlicher Instrumente, Präsentation und Selbstpräsentation, unternehmerisches Denken.

Klären Sie ab:

- Was wird von mir als Führungskraft verlangt? Es empfiehlt sich, darüber eine Liste zu erstellen, weil man sonst schnell den Überblick verliert und wichtige Fähigkeiten übersieht.
- Welche von diesen erwarteten Fähigkeiten bringe ich schon in ausreichendem Maße mit?
- Wann und wie besorge ich mir das Fehlende?

So einfach diese drei Fragen sind, sie werden oft nicht gestellt. Die meisten Manager gehen davon aus, dass die neuen Fähigkeiten irgendwie und irgendwann schon wachsen werden. Das ist ein Irrtum.

! Neue Fähigkeiten kommen nicht von allein. Sie müssen erworben werden. Überlassen Sie Ihre persönliche Entwicklung nicht dem Zufall. Setzen Sie Ihre persönlichen Lernziele und verschaffen Sie sich die nötige Unterstützung (Lektüre, Übung, Training, Coaching, Mentoring ...).

Präsentieren Sie sich!

»Nur die Leistung zählt!« Das ist, wie gesehen, der falsche Leitspruch. Denn es reicht eben nicht, Leistung zu bringen, Gutes zu tun. Der richtige Spruch lautet: **Tue Gutes – und rede darüber!**

Was nützt es, wenn Sie exzellente Leistung bringen und keiner es mitbekommt? »Das merken die da oben doch, was ich leiste!«, glauben viele. Das ist Wunsch, nicht Wirklichkeit. Ihr Chef hat so viel andere Aufgaben, da bekommt er Ihre guten Leistungen nicht immer mit. Also reden Sie darüber. Sie müssen ohnehin in so viele (unnötige, ineffiziente) Meetings – nutzen Sie diese als willkommene Gelegenheit, Ihre Leistungen zu präsentieren. Erwähnen Sie beiläufig einige der Erfolge, die Sie seit dem letzten Meeting erzielt haben – das muss natürlich zum Thema passen. Aber genau das ist die Kunst der Selbstpräsentation.

Scheuen Sie sich auch nicht davor, Präsentationen zu übernehmen. Sie müssen nicht jede angebotene Präsentation halten, aber wenigstens jede zweite. Eine kurze, prägnante, interessante und publikumsnahe Präsentation ist die beste Selbstpräsentation – man präsentiert ja immer auch sich selbst dabei.

Auch Ihr Auftreten ist wichtig. Treten Sie gerade auch in stressigen Situationen selbstsicher und souverän in Mimik, Gestik und Körperhaltung auf. Wer sich hier unsicher fühlt, dem sei das Training vor dem Spiegel, ein Körpersprache-Training oder -Coaching empfohlen. Da lernt man zum Beispiel Gesten wie einen kernigen Händedruck – statt des Eindrucks eines toten Fisches in der Hand, den viele Jungmanager beim Händedruck vermitteln.

Echte Manager reden anders

Hören Sie mal einem »einfachen« Mitarbeiter und danach einem gestandenen Manager zu. Hören Sie den Unterschied? Echte Manager reden anders. Sie reden direkt, auf den Punkt, effektiv und effizient, wirksam, nachdrücklich, selbstbewusst, ziel- und leistungsorientiert, handlungsanweisend, kritisch oder motivierend. Das ist logisch. Als normaler Mitarbeiter benötigten Sie die Sprache vor allem für die Arbeit. Jetzt brauchen Sie sie für die Führung. Ein anderer Zweck benötigt eine andere Sprache.

Das bedeutet: Sie sind oder werden demnächst Führungskraft – dann reden Sie auch so!

Sie müssen dafür keine Fremdsprache lernen. Es genügt schon, wenn Sie aufmerksam beobachten, was Sie den Tag über wie sagen, und Ihren Wortschatz und Sprachstil nach und nach umstellen.

Richten Sie Ihr Büro ein!

Es macht keinen guten Eindruck, wenn es im Büro vom Chef wie in der Werkstatt aussieht. Managerbüros sehen anders aus. Damit jeder Besucher gleich sieht: »Aha, hier sitzt der Chef!« Damit die eigenen Mitarbeiter etwas haben, zu dem sie aufsehen können. Damit man zu den Managerkollegen passt. Und damit der eigene Chef einen als Seinesgleichen anerkennt. Deshalb sollten Sie auch in diesen budgetknappen Zeiten Ihr Büro neu gestalten, wenn Sie befördert werden; so weit das budgetär möglich ist. Statussymbole sind nicht alles. Doch ohne Statussymbole machen Sie sich Ihr Leben in der neuen Funktion unnötig schwer, weil Sie Ihr Image und Ihre Akzeptanz beschädigen. Was uns zum nächsten Punkt bringt.

Stehen Sie zu Statussymbolen

Neulich sagte einer unserer Coaching-Klienten, ein Ingenieur: »In meiner Position steht mir jetzt ein Firmenwagen zu, ein A6. Aber eigentlich brauche ich so einen großen Wagen gar nicht. Ich frage mal den Geschäftsführer, ob ich auch einen Smart haben kann und er mir den Rest in Cash ausbezahlt.« Als Coach bleibt einem bei solchen Sätzen fast das Herz stehen.

Wie sieht das denn aus, wenn alle Ingenieure mit Gruppenleiterkompetenz im A6 auf den Firmenhof fahren und nur einer mit einem Smart? Nichts gegen den Smart – ein wirklich pfiffiges Auto. Doch das interessiert die Kollegen nicht, die sich schon frühmorgens an die Stirn tippen und fragen: »Hat der Kollege sie nicht mehr alle? Was will der denn mit so einem Spielzeugauto?«

Stehen Sie nicht nur zu den Statussymbolen Ihrer Position, nein, kämpfen Sie sogar darum!

Kämpfen Sie darum, dass Sie am ersten Arbeitstag in der neuen Position bereits die korrekten Visitenkarten haben. Kämpfen Sie um den Parkplatz nahe am Haupteingang, um Privilegien und Statussymbole. Machen Sie mit! Das ist ein Spiel. Es ist ein manchmal absurdes und oft verschwenderisches Spiel. Doch so absurd es auch ist: Wer nicht mitmacht, kann nicht gewinnen. Wenn Ihnen berufliches Vorwärtskommen unwichtig sind, steigen Sie aus dem Spiel aus. Wenn nicht, spielen Sie mit. Es macht, wie alle Spiele, Spaß und bringt weiter.

Networken Sie!

Ob Sie es im Beruf weiterbringen, hängt nicht nur von Ihrer Leistung ab. Es hängt vor allem davon ab, wie Sie sich präsentieren und ob Sie die richtigen Leute kennen. Vitamin B oder auf neuhochdeutsch: Networking.

Gründen Sie Ihr eigenes Karriere-Netzwerk!

Das fängt schon bei der Sekretärin an – falls vorhanden. Wenn Sie sie vom Vorgänger übernommen haben, ist sie eine hervorragende Informationsträgerin. Sie kennt viele der Erfolgsgeheimnisse für Ihre Position. Wenn Sie sie als Verbündete gewinnen, haben Sie viel gewonnen.

Ersetzen Sie sie nach Möglichkeit nicht – es sei denn, sie war und ist noch mit Ihrem Vorgänger liiert, ihm immer noch sehr loyal verbunden oder bringt Ihnen unüberwindbare Antipathie entgegen. Die nächste Position im Networking sind die Kollegen: Welche können Ihnen nützlich sein?

Beim Führungsnachwuchstraining lernt Monika, 36 Jahre, kürzlich zur Niederlassungsleiterin befördert, einen netten Kollegen aus der Marketingabteilung kennen, der demnächst zum Leiter der Marketing-Services befördert werden soll. Man kommt ganz zwanglos ins Gespräch und tauscht gegenseitig Interessen aus. Seither bekommt Monika ihre Werbemittel wesentlich schneller als die anderen Kolleginnen und Kollegen, kann ihre Märkte schneller und besser bearbeiten – und bekommt so viele Pluspunkte. Einfach nur, weil sie mit dem netten Kollegen den berühmten »kleinen Dienstweg« geschaffen hat. Dafür versorgt sie ihn regelmäßig mit neuesten Marktdaten, die er für sein Marketing braucht.

Bilden Sie mit Kollegen Allianzen und schaffen Sie kleine Dienstwege.

Damit geht alles schneller und leichter, ohne die übliche Bürokratie. Warten Sie nicht, bis Ihnen ein sympathischer Kollege über den Weg läuft. Überlassen Sie so etwas Wichtiges nicht dem Zufall. Werden Sie gezielt aktiv! Mit einer Fraktion im Rücken erreichen Sie mehr als im Alleingang.

Martin ist seit neuestem Abteilungsleiter. Er benötigt dringend Simulations-Software für einen fünfstelligen Betrag, um Marktentwicklungen korrekt antizipieren zu können. Sein Geschäftsführer schmettert das ab: »Zu teuer!« Also hört Martin sich unter den Kollegen um: Drei von acht bräuchten die Software ebenfalls. Martin setzt für diese »Viererbande« ein Papier auf, das er dem Geschäftsführer weiterreicht. Dieser antwortet: »Wenn das alle wollen, dann müssen wir das eben haben!«, und genehmigt das Budget.

Suchen Sie sich einen Mentor. Einige Unternehmen haben offizielle Mentoring-Programme. Falls Ihres das nicht hat: Suchen Sie sich trotzdem einen Mentor. Es lohnt sich. Profitieren Sie sowohl von seiner reichen Erfahrung als auch auch von seinen Beziehungen. Sie müssen das nicht formell machen à la »Wollen Sie mein Mentor sein?« Es ist wie mit der eben erwähnten Fraktionsbildung: Auch mit Topmanagern kann man warm werden, indem man sich über gemeinsame Themen austauscht. Topmanager schätzen es, wenn man ihnen Respekt zeigt – oft reicht das schon als Start für eine informelle Mentorenschaft.

Halten Sie sich auch Kontakte außerhalb der Firma warm. Networking außerhalb, sozusagen. Man weiß ja nie, welche tollen Positionen und Möglichkeiten sich bei Lieferanten, Auftraggebern, Kunden oder anderen Geschäftspartnern auftun. Wenn Sie dringend den Arbeitgeber wechseln müssen, ist es meist zu spät, sich nach guten Kontakten umzusehen. Also pflegen Sie diese vorher. Nicht so sehr im Hinblick auf einen Notanker, sondern einfach aus Interesse, was in anderen Firmen an Interessantem läuft. Und sagen Sie nicht, dass Sie Wichtigeres zu tun hätten. Nicht nur Ihre Arbeit ist wichtig. Auch Sie sind wichtig! Also investieren Sie hin und wieder in sich selbst.

Pflegen Sie gute Beziehungen auch zu einigen Topmanagern. Der Nutzen liegt auf der Hand: Man erreicht mehr, wenn man Verbündete ganz oben hat. Also beäugen Sie »die da oben« nicht mit unnötigen Misstrauen, sondern pflegen Sie den Kontakt in Meetings, Präsentationen, Projektgruppen, bei Empfängen, Jubiläumsfeiern, sozialen Veranstaltungen oder auch im Gang, im Aufzug oder sonstwie auf dem Firmengelände. Kommen Sie ins Gespräch. »Mir fällt spontan nie ein passendes Thema ein!« Das ist spontan auch sehr schwer. Das will vorbereitet sein: »Wenn ich das nächste Mal dem Finanzchef begegne, sage ich ihm, dass ich seine Anweisung, säumige Kunden nur noch mit Vorbehalt zu beliefern, für eine ziemliche Effizienzsteigerung in unserer Abteilung halte.« Das hört er gern. Bei dieser Gelegenheit stellen Sie sich vor. Bei der nächsten erinnert er sich dann an Ihr Gesicht. Bei der übernächsten an Ihren Namen – und so weiter.

Geben und Nehmen Sie im Netzwerk gleichgewichtig. Im Netzwerk herrscht die Kunst des ausgewogenen Handels: Was will ich von ihm und was kann ich ihm dafür anbieten? Nur wenn die Konten mittelfristig einigermaßen ausgeglichen sind, funktioniert das Netzwerk. Viele Menschen schließen sich Netzwerken an, um von anderen zu profitieren, ohne selbst einen Beitrag zu leisten. Dies kann langfristig zu einer übergreifenden Demotivation im Netzwerk führen und im schlimmsten Fall dazu, dass die Menschen sich zurückziehen, die das Netzwerk primär tragen.

Verwechseln Sie nicht Freundschaft und Netzwerk. Viele Jungmanager bewegen sich in einer Clique, gehen mit den Duzfreunden mittags zu Tisch, telefonieren oft miteinander, treffen sich in der Kaffeeecke – Freunde sind wichtig und angenehm. Aber was nützt Ihnen das für Ihre Arbeit und Ihr Vorwärtskommen? Schaffen Sie einen gesunden Ausgleich: Pflegen Sie Freundschaften, pflegen Sie aber auch Netzwerk-Partnerschaften, die Ihnen die Arbeit erleichtern.

Das Kapitel auf einen Blick: So kommen Sie voran!

- Nicht wer Leistung bringt, bekommt im Beruf Anerkennung, sondern wer Leistung bringt, positiv auffällt und Beziehungen hat.
- Für berufliche Anerkennung und Vorwärtskommen sind nur zu 20 Prozent Leistung und Können und zu 80 Prozent Selbstdarstellung und gute Beziehungen entscheidend.
- Bringen Sie nicht Leistung, sondern vorzeigbare Leistung.
- Spielen Sie nach den Management-Spielregeln!
- Warten Sie nicht auf Ihre Karriere, planen Sie sie!
- Lernen Sie die Fähigkeiten, die Sie zum Führen und Managen benötigen.
- Investieren Sie in Ihre Selbstpräsentation!
- Eignen Sie sich den Sprachstil einer Führungskraft an!
- Richten Sie Ihr Büro neu ein!
- Stehen Sie zu Statussymbolen!
- Networken Sie!

Werden Sie richtig gut: Ihr persönliches Erfolgstraining

Das Training der Champions

Die meisten Menschen, die kurz vor oder nach der ersten oder einer entscheidenden Beförderung in einer Führungsposition stehen, lesen gerne Führungsliteratur. So gesehen, befinden Sie sich im Augenblick in guter Gesellschaft. Was machen die meisten mit einem Führungsbuch, wenn sie es gelesen haben? Sie stellen es ins Regal: »Wenn ich es durchgelesen habe, weiß ich ja alles!« Stimmt. Eine Frage nur: Macht Sie die Lektüre zu einer besseren Führungskraft? »Na ja«, sagen viele Führungskräfte in unseren Trainings darauf, »natürlich muss ich das alles erst einmal wirken lassen.« Auch das ist eine gute Idee. Werden Sie dadurch zur besseren Führungskraft?

> Weder durch Lesen noch durch Wirkenlassen werden Sie zu einer besseren Führungskraft.

Das ist einerseits ärgerlich. Andererseits liegt es auf der Hand. Denn sonst hätten Michael Schumacher und Kaiser Franz lediglich Bücher über Formel 1 und Fußball lesen und wirken lassen müssen, um Weltklasse-Sportler zu werden. Taten sie jedoch nicht. Was taten sie denn? Sie trainierten.

> Also: Training macht den Champion!

Zu dieser Schlussfolgerung kommen alle Führungskräfte früher oder später, die ernsthaft die selbst-sabotierende Selbstüberschätzung der ersten 100 Tage abschütteln, die wirklich eine professionelle Führungskraft werden wollen. Die Sache hat nur einen Haken: **Ein Champion trainiert wie ein Champion.**

Die meisten neuen Führungskräfte probieren einiges aus, was in verschiedenen Führungsbüchern steht. Leider schaffen es viele trotzdem nicht, tatsächlich gut zu werden. Warum nicht? Weil ihnen das Talent dazu fehlt? Nein, weil sie falsch trainieren.

> Ein Buch (Seminar, Coaching ...) ist nur so gut wie das, was Sie damit anfangen können.

Deshalb betrachten wir im Folgenden die häufigsten Trainingsfehler und wie Sie sie vermeiden. Wenn Sie nicht in diese beliebten Trainingsfallen tappen, haben Sie praktisch eine Garantie dafür, mit etwas Übung eine exzellente Führungskraft zu werden.

Die Piano-Panne: »Das klappt wohl nicht!«

Ernst kommt ganz begeistert vom Führungsseminar zurück: »Smarte Zielformulierungen sind klasse! Das müssen wir unbedingt auch machen!« In der nächsten Teamsitzung probiert er's aus. Sein Team findet das Smart-Schema nicht so toll. Also lässt er die Sache fallen: »Das funktioniert bei uns nicht.«

Glücklicherweise erfährt sein Führungscoach von dem Vorfall. In der nächsten Coaching-Sitzung erzählt er ihm deshalb die Geschichte vom tibetanischen Bergbauern, der zum ersten Mal in seinem Leben ein Piano sieht, sich davor setzt, die Ouvertüre zu Tannhäuser spielen möchte, die Töne nicht trifft und darauf sagt: »Dieses Klavier funktioniert nicht. Ich habe es eben probiert!«

> Ob etwas funktioniert oder nicht, können Sie unmöglich nach dem ersten Versuch sagen.

Sonst hätten Sie nie Fahrradfahren, Englisch, Essen oder Gehen gelernt. Sie können ein Urteil frühestens nach dem dritten Versuch fällen – doch da fällt es regelmäßig positiv aus, weil Sie entweder feststellen, dass es tatsächlich funktioniert, oder zumindest, wie es funktionieren oder wenigstens besser laufen könnte. Geben Sie sich diese drei Chancen – das sind Sie sich, Ihrem Erfolg, Ihrem Chef und Ihren Mitarbeitern schuldig. Aber: Übernehmen Sie sich nicht dabei!

Die Perfektionspanne: »Übernehmen Sie sich nicht!«

Viele neue Führungskräfte setzen sich zu ehrgeizige Trainingsziele. Neulich wollte ein eben beförderter Abteilungsleiter Führen mit

Zielvereinbarungen binnen eines Monats in seiner Abteilung erfolgreich umsetzen – dabei dauert die Umsetzung dieses sehr komplexen Instruments mindestens ein halbes Jahr!

Schlucken Sie die Salami nicht am Stück: Setzen Sie sich realistische und stufenweise Trainingsziele. Das nennt man Salami-Taktik. Je realistischer Ihre Trainingsziele, desto größer Ihr Erfolg!

Perfektionismus, überzogene Ziele und zu hohe Erwartungen sind kein Zeichen von Ehrgeiz, Motivation und Zielstrebigkeit, sondern schlicht von Selbstüberschätzung. Auch Franzi von Almsick hat klein angefangen – deshalb wurde sie so gut! Hätte sie sich schon in der ersten Trainingsstunde am Weltrekord auf 100 Meter Freistil versucht, hätte sie schnell frustriert die Schwimmbrille an den Nagel gehängt!

Die Defätistenpanne: »Das ist nicht gut genug!«

Auch für den Erwerb von Führungskompetenz gilt der alte Spruch: Die meisten Menschen scheitern nicht, sie geben auf. Neue Führungskräfte sind mit ihren Fortschritten in Sachen Leadership-Kompetenz oft sehr kritisch: »Heute habe ich schon wieder zu wenig delegiert! Wann lerne ich das endlich!«

Wenn Sie jemanden demotivieren, wird er dadurch nicht besser – obwohl an unseren Schulen oft nach diesem Prinzip unterrichtet wird (nennt man das dann Pädagogik?). Wenn Sie tatsächlich besser werden wollen, lenken Sie Ihre volle Aufmerksamkeit nicht auf Ihre Fehler, sondern auf das, was bei der Anwendung neuer Führungsfähigkeiten bereits gut läuft. Und wenn es noch so klein ist!

Demotivation motiviert nicht. Selbst den kleinsten Erfolg zu feiern bringt Sie da viel weiter, als sich über große Fehler Vorwürfe zu machen.

Nothing succeeds like success – Erfolg ist die beste Motivation für Erfolg. Daher: Feiern Sie auch und gerade kleine Erfolge! Denn nur so kommen Sie zu großen Erfolgen. So einfach ist die Kunst der

Selbst-Motivation. Wer den kleinen Erfolg nicht ehrt, ist des großen Erfolges nicht wert.

Pannenprinzip »Hoffnung«

Petra kommt vom Führungsseminar zurück. Ihr Boss fragt sie, was sie gelernt habe. »Eine ganze Menge. Ich hoffe, dass ich davon auch einiges umsetzen kann.« Der Vorgesetzte legt die Stirn in Falten. Petra hat soeben, ohne es zu wissen, vor den Augen ihres Chefs ihre Führungskompetenz in Frage gestellt.

Wer lediglich hofft, dass er sein frisch erworbenes Führungswissen umsetzen kann, sagt damit implizit: »Ich hoffe, dass das irgendwie von selbst kommt.« Das tut es aber nicht.

Hoffen Sie nicht, dass Sie einiges von Ihrem Wissen umsetzen können. Probieren Sie's aus – so lange, bis es klappt!

Denn nur so funktioniert es. Das Prinzip Hoffnung ist kein anerkanntes Umsetzungsprinzip. Von Hoffnung allein stellt sich kein Erfolg ein. Sie können hoffen, dass Sie endlich Ihre überflüssigen Pfunde loswerden – doch wenn Sie jeden Tag fünf Kilometer walken, radeln oder joggen, bringt Sie das weiter als die bloße Hoffnung. Erinnern Sie sich an den Nike-Slogan: Just do it! Wann immer Sie sich bei der Hoffnung ertappen, bald eine gute Führungskraft zu werden, fragen Sie sich: Und – was tue ich dafür? Und dann machen Sie es. So lange, bis es klappt.

Pannenprinzip »Alles auf einmal!«

Vom Größenwahn zum Übereifer ist es oft nur ein kleiner Schritt. Tatsächlich sind einige Jungmanager direkt vor oder nach der Beförderung so enthusiastisch in ihrem Bestreben, nun auch eine exzellente Führungskraft zu werden, dass sie übers Ziel hinausschießen: Sie verzetteln sich.

Setzen Sie sich nicht fünf Trainingsziele auf einmal – immer schön eines nach dem anderen!

Denn sonst verfolgen Sie eine Menge Trainingsziele – und erreichen doch keines so recht, weil Sie Ihre knappen Ressourcen zersplittern. Vor allem Ihre Mitarbeiter werden durch diese vielen parallel laufenden »Führungsexperimente« total verunsichert! Ganz zu schweigen von Ihrem Chef, der unweigerlich denkt: »Was für einen Zauber veranstaltet er denn da nun wieder? Wann bringt er auch mal was zu Ende?« Also – was ist Ihr aktuelles Trainingsziel in Sachen Führungskompetenz? Notieren Sie, wenn Sie möchten.

Übung

Das aktuelle Entwicklungsziel für meine Führungskompetenz:

Die Self-Fulfilling Prophecy

Kürzlich meinte ein Jungmanager in einem Maschinenbau-Unternehmen zu seinem Vorgesetzten: »Diese ganzen Führungstheorien sind zwar schön und gut, doch in der Praxis funktioniert das doch sowieso nicht!« Da war er an den Falschen geraten. Sein Chef sagte ihm betont beherrscht: »Ein Manager sagt nicht, warum etwas nicht geht. Er tut es, und dann geht es.«

Warum konnte sich der Chef nur mühsam beherrschen? Weil sein Schützling auf eine so genannte Self-Fulfilling-Prophecy hereingefallen war und es noch nicht einmal bemerkte – eine Prophezeiung, die sich allein dadurch erfüllt, dass sie prophezeit wird. Er prophezeite sich selbst: »Das funktioniert nicht!« Versuchen Sie doch einmal, mit dieser Einstellung eine Sache zum Erfolg zu bringen. Sie ist zum Scheitern verurteilt. Bezeichnenderweise funktionieren »diese ganzen Führungstheorien« glänzend bei jenen Managern, die mit einer anderen Prophezeiung an die Sache herangehen: »Das klingt gut, das probieren wir doch mal aus!«

Wie alles im Leben ist auch Führungskompetenz eine Sache der Einstellung. Wenn Sie mehr Führungskompetenz möchten, gehen Sie mit der richtigen Einstellung an die Sache heran.

Die Diskontinuitätsfalle

Viele Manager wollen wirklich etwas gegen ihre Führungsdefizite unternehmen und setzen erlernte oder erlesene neue Führungstechniken in ihrer Praxis ein – fragt sich lediglich, wann und wie oft: Oft wird zu sporadisch trainiert. Da wird ein Konflikt mal professionell bearbeitet – bei den restlichen Konflikten fallen sie dann wieder in die unprofessionellen Muster zurück. Michael Schumacher wurde nicht deshalb so oft Weltmeister, weil er hin und wieder mal trainiert. Er trainiert täglich. Machen Sie es ebenso.

Das ist ideal. Jeden zweiten Tag geht auch noch. Aber bei weniger Training kommen Sie nicht zum Erfolg: Es kommt einfach zu wenig dabei heraus. Das heißt nicht, dass Sie jeden Tag acht Stunden trainieren sollen – also vergessen Sie das Argument, Sie hätten für Führungstraining keine Zeit. Es gibt keine Regel, wie viel Minuten Sie täglich trainieren sollten – Hauptsache Sie trainieren täglich! Repetition is the mother of skills, heißt das amerikanische Sprichwort: Wiederholung – nicht stundenlanges Üben.

Trainieren Sie täglich! Wer regelmäßig trainiert, wird automatisch besser!

Falsche Baustelle

Wenn Sie schon etwas an Ihrem Führungsverhalten ändern wollen, dann verändern Sie auch das Richtige! Viele neu ernannte Führungskräfte stürzen sich auf Führungsinstrumente,

- die neu sind,
- die sie besonders gut finden,
- die alte Führungsschwächen bei ihnen abstellen.

Das sind alles sinnvolle Kriterien, doch das Wichtigste wird dabei vergessen: Löschen Sie erst einmal die brennende Scheune!

Packen Sie zuerst die Brennpunkte an. Ändern Sie nicht zuerst das, was Sie gern ändern möchten, sondern das, was Ihre Vorgesetzten an Ihrem Führungsverhalten ändern möchten! In der Regel liegt entsprechendes Feedback ex- oder implizit längst vor. Hat nicht Ihr Chef vielleicht schon durchblicken lassen, dass Sie »Ihren Laden besser in den Griff bekommen« sollten oder dass »die Ergebnisse besser werden müssen«? Erinnern Sie sich an das, was Ihr Chef über Ihr Führungsverhalten sagt. Auch an das, was er zwischen den Zeilen sagt. Denn das, womit Ihr Chef nicht zufrieden ist, ist ein echtes Karrierehindernis für Sie. Auch wenn Sie nicht unbedingt Karriere machen wollen: Wenn Sie nicht das ausräumen, was Ihren Chef an Ihrem Führungsverhalten stört, wird er nie richtig zufrieden mit Ihnen sein und Sie nicht in Ruhe arbeiten lassen.

Mit Rückschlägen umgehen

Wenn Sie sich manchmal fühlen, als ob Sie niemals eine exzellente Führungskraft werden könnten, liegt das nicht daran, dass Sie tatsächlich niemals eine exzellente Führungskraft werden können, sondern dass Sie lediglich mit Rückschlägen noch nicht richtig umgehen können. Deshalb werfen Sie die Flinte nicht zu früh ins Korn.

> Rückschläge entmutigen – es sei denn, Sie können mit Rückschlägen umgehen!

Und das kann ein guter Manager. Manche behaupten sogar, dies sei das eigentliche Geheimnis guten Managements: Rückschläge so lange wegstecken, bis man Erfolg hat. Das heißt: Es gibt einen positiven Umgang mit Rückschlägen. Niemand wird mit diesem Umgang geboren. Jeder muss ihn sich erwerben. Im Grunde benötigen Sie dafür lediglich drei Punkte:

Checkliste: So stecken Sie Rückschläge weg

- ☐ Machen Sie sich nach einem Rückschlag niemals selbst herunter. Achten Sie dabei stets auf Ihren inneren Dialog. Stellen Sie Ihren inneren Kritiker ab. Einem guten Freund würden Sie in so einer Situation auch nicht die Verbalkeule um die Ohren hauen! Das bringt nichts. Gehen Sie wie ein guter Coach pfleglich mit sich um. Seien Sie Ihr eigener Coach!
- ☐ Akzeptieren Sie die negativen Auswirkungen des Rückschlags und akzeptieren Sie gleichzeitig das Gute daran: »Wenigstens hab ich's probiert! Ich habe alles getan, was nötig war.«
- ☐ Stellen Sie sich die alles entscheidenden Erfolgsfragen: Was lerne ich daraus? Was werde ich beim nächsten Mal besser machen?

Schließen Sie einen Vertrag mit sich

Sie kennen das: Da nimmt man sich wirklich vor, heute etwas für die eigene Führungskompetenz zu tun – und dann kommt wieder etwas Dringendes dazwischen! Viele unserer Seminarteilnehmer sagen: »Ich hatte es mir vorgenommen, aber dann kam wieder etwas dazwischen und dann hab ich es einfach vergessen – weil mich niemand daran erinnert hat!« Dann erinnern Sie sich selbst. Sonst stellen Sie irgendwann, vielleicht nach Monaten, fest, dass Sie noch immer nichts gegen Ihre Führungsschwächen unternommen haben. Dann ist es oft genug zu spät.

Erinnern Sie sich selbst an Ihr aktuelles Trainingsziel. Hängen Sie sich ein Post-it an den PC, lassen Sie als Bildschirmschoner einen Erinnerungsspruch laufen, legen Sie einen Zettel auf Ihren Schreibtisch, schreiben Sie es in Ihren Terminkalender.

Wenn Sie das Ganze noch verbindlicher machen wollen, schließen Sie einen Vertrag mit sich selbst. Machen Sie das ganz formell: »Ich, Unterzeichnender, verpflichte mich heute für mein aktuelles Trainingsziel Folgendes zu tun: ...« Das nennt man Selbstverpflichtung. Seien Sie sicher, es funktioniert! Sie können sich auch einen Lernpartner nehmen und sich dann gegenseitig erinnern.

Checkliste: Training für Champions

Hier noch einmal die zehn Erfolgsprinzipien des Führungstrainings im Überblick:

- ☐ Versuchen Sie alles erst dreimal, bevor Sie beurteilen, ob es funktioniert oder nicht.
- ☐ Setzen Sie sich selbst keine überzogenen Erwartungen, sondern realistische Ziele.
- ☐ Motivieren Sie sich selbst zum Weitermachen, indem Sie jeden noch so kleinen Erfolg (innerlich oder äußerlich) gebührend feiern.
- ☐ Hoffen Sie nicht, dass Sie Ihr neues Führungswissen bald in der Praxis umsetzen werden – Just do it!
- ☐ Setzen Sie sich immer nur ein, höchstens zwei realistische Trainingsziele.
- ☐ Gehen Sie mit der richtigen Einstellung ins Training: »Ich probiere das einfach so lange, bis es klappt!«
- ☐ Trainieren Sie regelmäßig jeden, spätestens jeden zweiten Tag.
- ☐ Trainieren Sie vor allem das, was Ihre Chefs an Ihrem Führungsverhalten auszusetzen haben.
- ☐ Werfen Sie nicht die Flinte ins Korn. Lernen Sie, mit Rückschlägen fertig zu werden.
- ☐ Erinnern und verpflichten Sie sich selbst zum Training.

Die Phasen der Veränderung

Wenn Sie die zehn Trainingsprinzipien betrachten, wird Sie vielleicht ein beunruhigender Verdacht beschleichen: Führungskompetenz ist nichts, was man sich mal rasch in einem Wochenendseminar aneignen kann.

Führungskompetenz ist kein Ereignis, sondern ein Prozess. Das heißt: Wer eine exzellente Führungskraft werden möchte (wer möchte das nicht?), braucht ausreichend Kompetenz, um sich bei diesem Trainingsprozess selbst zu begleiten. Wenn diese Begleitung ein Coach für Sie übernimmt, sind Sie natürlich fein raus. Wenn nicht, müssen Sie die Prozesskompetenz selbst aufbringen. Sonst wird das nichts mit der Führungskompetenz.

Wie wir alle wissen, laufen Prozesse für gewöhnlich in Phasen ab. Die Phasen der Veränderung, des Trainings, der persönlichen Entwicklung betrachten wir jetzt – damit Sie sicher durch alle Phasen kommen und Ihr Ziel erreichen, das Führungskompetenz heißt.

INFO

Die sechs Phasen der Veränderung

- Schock, Überraschung
- Verneinung, Vermeidung, Verdrängung
- Rationale Einsicht
- Emotionale Einsicht
- Erste Versuche und Rückschläge
- Integration, Gewohnheitsbildung

Phase 1: Der Schock der Erkenntnis

Am Anfang eines typischen Entwicklungsprozesses steht die Überraschung oder der Schock über die eigene Unzulänglichkeit: »Meine Mitarbeiter spuren nicht!« – »Mein Chef ist unzufrieden mit mir!« – »Wie führt man denn nun eigentlich richtig?« Vielleicht hat der Chef auch gesagt: »Fachkompetent sind Sie ja – aber Ihre Sozialkompetenz, na ja ...« Ein normaler Mensch reagiert selten erfreut auf die Entdeckung eines Veränderungsbedarfs, sondern eher überrascht bis schockiert. Also machen Sie sich keine Vorwürfe, wenn Sie (in dieser Phase!) wenig motiviert sind, etwas gegen Ihre Führungsschwäche zu tun.

Interessant an Veränderungsprozessen ist, dass die eigene Kompetenz in jeder Phase sehr unterschiedlich aber typisch wahrgenommen wird. In Phase 1 fühlt man sich kurz nach dem Schock natürlich ziemlich inkompetent: »Ich dachte, ich sei die geborene Führungskraft. Immerhin wurde ich ja befördert! Und nun sagt mein bester Mitarbeiter, dass ich nicht kritikfähig sei!« Es tut weh, wenn der Größenwahn der ersten Tage wie ein Kartenhaus zusammenfällt. Gerade weil es wehtut, rutschen wir umgehend in Phase 2.

Phase 2: Verdrängung statt Veränderung

Ein normaler Mensch reagiert auf Überraschungen und Schocks nicht mit Veränderung, sondern mit Verdrängung: »Ach, der Chef meint das sicher nicht so.« – »Was nimmt der Mitarbeiter sich heraus? Er kann es wohl nicht besser!« – »Das wird schon wieder!« So verständlich diese Reaktionen sind: Als Manager wird man damit für den nächsten Schock noch anfälliger. Und der nächste kommt bestimmt. Da hilft alles nichts, da muss man(ager) durch – und zwar zur nächsten Phase. Das ist das Ziel hinter dem Phasenschema:

> Sie betreiben dann erfolgreiches Change-Management in eigener Sache, wenn Sie sich zäh und hartnäckig bis zur letzten Veränderungsphase vorkämpfen.

Auch bei Veränderungen sollte man sich nicht vom Weg abbringen lassen und einfach auf Erfolgskurs bleiben. Es liegt auf der Hand, dass in Phase 2 das eben noch beschädigte Kompetenzgefühl sich zu neuen Höhenflügen der Selbstüberschätzung aufschwingt: »Ich bin schon okay, so wie ich bin. Die anderen haben alle unrecht!« Es gibt Führungskräfte, die seit Monaten in dieser Endlosschleife der Verdrängung festhängen. Spätestens bei der nächsten Entlassungswelle bekommen sie aber die Quittung dafür. Deshalb: Kommen Sie schnell in die nächste Phase!

Phase 3: Die rationale Einsicht

Je besser ein Manager, desto schneller schaltet sich bei ihm nach Phase 2 der gesunde Menschenverstand ein: »Vielleicht ist doch etwas dran, an dem, was die anderen sagen.« Dabei fühlt man sich alles andere als gut. Das eigene Kompetenzgefühl leidet: »Ich bin wohl doch nicht so gut, wie ich immer dachte.« Das fühlt sich nicht gut an – doch es ist nur vorübergehend. Je schneller Sie diese Phase überwinden, desto schneller und vor allem stärker wächst auch Ihr Kompetenzgefühl wieder!

In dieser Phase der Veränderung debattiert man im Kopf mit sich selbst und kommt irgendwann zur Einsicht: »So wie es aussieht, muss ich doch etwas tun!« Doch diese rein vernunftmäßige Einsicht reicht in der Regel nicht aus, um auch tatsächlich etwas zu unternehmen. Dazu reicht die Motivationswirkung der reinen Einsicht nicht aus. In dieser Phase wird viel gegrübelt: »Ich müsste wirklich mal etwas für meine Führungskompetenz tun!« Doch es wird wenig bis nichts getan. Daher ist es wichtig, dass Sie sich möglichst rasch zur nächsten Phase vorkämpfen.

Phase 4: Die emotionale Einsicht

Während in Phase 3 nur der Kopf vom Veränderungsbedarf überzeugt ist, wird es jetzt auch der Bauch – und der Bauch ist entscheidend. Denn Motivation kommt aus dem Bauch (Motivation ist ein Gefühl und keine Überlegung). Wir merken das meist fast schon körperlich, wenn es Klick macht und wir uns sagen: »Ich muss endlich etwas tun!« Wie kommen Sie zu diesem Klick im Bauch? Indem Sie erkennen, was es Ihnen konkret bringt, welche Belohnungen, guten Gefühle und Erfolge es Ihnen einträgt, wenn Sie sich aufraffen und tatsächlich etwas ändern. Phase 4 stellt ausreichend Motivation für Ihren Veränderungsprozess zur Verfügung. Sie spüren förmlich: »Jetzt pack ich es an!« Wenn der Bauch und das Herz dabei sind, läuft die Sache auch. Nur der Kopf allein reicht für Veränderungen nicht aus.

Es kann sein, dass Sie aus jeder Phase des Veränderungsprozesses kurz in eine frühere Phase zurückfallen. Das ist kein Beinbruch. Das ist normal. Dann kämpfen Sie sich wieder in die nächste Phase vor.

In Phase 4 erreicht Ihr Kompetenzgefühl den niedrigsten Punkt. Denn Sie erkennen: »Ich muss wirklich etwas tun – aber ich kann das doch alles noch gar nicht!« So lästig dieses Gefühl ist, es ist auch tröstend: Schlimmer wird es nimmer. Im Gegenteil. Die Talsohle ist erreicht, ab jetzt geht's bergauf. Es wird eben oft schlimmer, bevor es besser wird.

Phase 5: Versuche und Rückschläge

In dieser Phase packen Sie es tatsächlich an und probieren das aus, was Sie in diesem Buch gelesen haben. Leider werden viele ehrgeizige neue Führungskräfte selbst in dieser Phase vom Größenwahn sabotiert: Sie rechnen nicht mit Rückschlägen – deshalb können sie nicht angemessen damit umgehen.

> Der Rückschlag ist nicht die Ausnahme, sondern die Regel bei der Realisation! Also rechnen Sie damit.

Denn dann sind Sie vorbereitet und können damit umgehen. Wie das genau geht, haben Sie bereits kennen gelernt (s. S. 167, »Checkliste: So stecken Sie Rückschläge weg«). Entwickeln Sie vor allem die richtige Einstellung gegenüber Rückschlägen.

> Wo etwas Neues entstehen soll, ist die Erlaubnis erfolgsentscheidend, dabei auch Fehler machen zu dürfen.

Wer keine Fehler macht, hat auch langfristig keinen überragenden Erfolg. Angst vor Fehlern ist keine Managertugend. Ein richtiger Manager hat keine Angst vor Fehlern. Das heißt: Geben Sie sich selbst die Erlaubnis zum Experimentieren. Nicht jeder Versuch muss sofort und vollständig hinhauen. Klappt es heute nicht, klappt es morgen!

Es ist klar und ganz natürlich, dass sich Ihr Kompetenzgefühl in dieser Phase auf und ab bewegt. Wenn es einmal wieder gut läuft, fühlen Sie sich natürlich wie ein Champion. Doch schon beim nächsten Rückschlag geht das Gefühl frei in den Sturzflug über. Lernen Sie, mit diesem Wechselbad der Gefühle umzugehen. Das ist EQ: emotionale Intelligenz.

Es ist schön, wenn Sie neue Führungstechniken ausprobieren und aus Rückschlägen lernen. Doch das reicht noch nicht, um ein echter Leader zu werden. Denn dafür ist eine dauerhafte Verhaltensänderung nötig – dies geschieht in der letzten Phase Ihres persönlichen Veränderungsprozesses.

Phase 6: Integration und Gewohnheitsbildung

An exzellenten Führungskräften fällt auf, dass sie nicht hin und wieder eine moderne Führungstechnik einstreuen, sondern permanent auf hohem Niveau führen. Das bedeutet: Sie haben die neuen Techniken und Verhaltensweisen in ihr tägliches Verhalten integriert. Diese sind zur Gewohnheit geworden. Das werden sie auch bei Ihnen, wenn Sie innerhalb weniger Wochen das neue Verhalten so oft wiederholen, bis es »sitzt«. Ist dies der Fall, ist Ihr persönlicher Veränderungsprozess abgeschlossen. Gehen Sie zum nächsten Veränderungsziel! Je öfter Sie diesen Phasenzyklus durchlaufen, desto professioneller werden Sie im Self-Management und im persönlichen Change-Management. Sie werden ein Change-Champion in eigener Sache und eine exzellente Führungskraft. Sie dürfen sich dafür beglückwünschen.

Es versteht sich von selbst, dass in dieser Phase Ihr Kompetenzgefühl seinen Gipfel erreicht. Sie fühlen: »Es haut hin! Ich kann es endlich! Alles funktioniert wie von selbst!« Der Erfolg und die Freude darüber stellen sich ein. Der Gipfel Ihres Kompetenzgefühls liegt dabei deutlich über dem Gipfel des Ausgangspunktes, als Sie den Prozess begannen! Das ist der tiefere Sinn jeder Veränderung: Ihr Kompetenzgefühl wächst und wächst mit jedem Veränderungszyklus, den Sie durchlaufen.

Als Führungskraft werden Sie in Zukunft immer wieder mit Veränderungen konfrontiert werden. Doch jetzt können Sie sicher sein, dass Sie die nötige Kompetenz und Flexibilität besitzen, diese professionell zu meistern!

Das Kapitel auf einen Blick: So werden Sie Champion

- Wissen allein hat noch keinen zur exzellenten Führungskraft gemacht.
- Wenn Sie Führungsprofi werden wollen, trainieren Sie wie ein Profi.
- Achten Sie auf die zehn Trainingsfallen und beachten Sie die zehn Trainingsgesetze.
- Betreiben Sie Self-Management: Coachen Sie sich selbst durch alle sechs Phasen des Veränderungsprozesses.
- Beglückwünschen Sie sich nach jedem Phasenzyklus zu einem weiteren, erfolgreich abgeschlossenen Schritt auf Ihrem Weg zum echten Leader, zur professionellen Führungskraft, zum Führungs-Champion.

Nachwort: Viel Spaß beim Erfolg!

Sie haben auf den zurückliegenden Seiten viel Arbeit geleistet. Und wenn Sie genau hinschauen, werden Sie bemerken, wie Sie schon jetzt dafür vom Erfolg belohnt werden. Es kostet etwas Arbeit, eine exzellente Führungskraft zu werden, doch der Erfolg belohnt Sie überreichlich!

Unsere Klienten berichten uns immer wieder, dass gerade am Anfang einer neuen Führungstätigkeit wichtig ist, die Zeit zu investieren, die eigenen Führungskompetenzen zu erweitern. Dies führt zu mehr Sicherheit und Souveränität im Umgang mit Mitarbeitern, Kollegen und Vorgesetzten. Etwas, was sich sicher in späteren Jahren für Ihre Karriere auszahlen wird.

Wir wünschen Ihnen viel Erfolg und Freude auf Ihrem Weg zur professionellen Führungskraft. Wenn wir Sie auf Ihrem Weg mit einem Führungstraining oder einem Executive Coaching unterstützen können, tun wir das gerne.

Über die Autorinnen

Heike M. Cobaugh arbeitete mehrere Jahre als Führungskraft im Marketingbereich und ist seit 1993 selbstständige Trainerin und Unternehmensberaterin für Kunden aus der Industrie und dem Gesundheitswesen. Die Schwerpunkte ihrer Arbeit liegen unter anderem im Bereich der Personalentwicklung, Coaching, Teamtrainings, NLP und Persönlichkeitsentwicklung. Mit Ihrer Netzwerkagentur KOMZEN berät sie Kunden bundesweit.

Heike M. Cobaugh
KOMZEN
Bertramstraße 12, 65185 Wiesbaden
Tel: 0611/3413529 – E-Mail: mail@komzen.de – www.komzen.de

Susanne Schwerdtfeger war viele Jahre im Vertrieb und Vertriebs-Management tätig. Heute arbeitet sie als Unternehmensberaterin für namhafte Unternehmen der Industrie, der Pharma- und Medizintechnik, des Banken- und Kreditkartenwesens, der Telekommunikation, der Automobilindustrie. Schwerpunkte ihrer Arbeit sind Vertriebs- und Management-Training, Organisationsentwicklung, sowie Team- und Individualcoaching für Führungskräfte. Für ihr Unternehmen »Schwerdtfeger Training & Beratung« arbeiten heute zehn qualifizierte Trainer- und Berater/innen.

Susanne Schwerdtfeger
Schwerdtfeger Training & Beratung
Mainzer Straße 38A, 64521 Groß-Gerau
Tel.: 06152/910831 – E-Mail: kontakt@s-tb.de – www.s-tb.de